Richard Böhm, Herman Schalow

Von Sansibar nach Tanganjika

weitsuechtig

Richard Böhm, Herman Schalow

Von Sansibar nach Tanganjika

ISBN/EAN: 9783943850192

Auflage: 1

Erscheinungsjahr: 2013

Erscheinungsort: Bremen, Deutschland

@ weitsuechtig in Access Verlag GmbH. Alle Rechte beim Verlag und bei den jeweiligen Lizenzgebern.

Cover: Foto © Chris Huh (Wikipedia)

weitsuechtig

Von Sansibar zum Tanganjika.

Briefe aus Ostafrika

von

Dr. Richard Böhm.

Nach dem Tode des Reisenden
mit einer biographischen Skizze
herausgegeben
von
Herman Schalow.

Leipzig:

F. A. Brockhaus.

1888.

Vorwort.

Nachdem der erste herbe Schmerz über den frühzeitigen Tod Richard Böhm's überwunden, war bei allen, die dem Dahingeschiedenen im Leben nahe gestanden, der lebhafte Wunsch rege, durch Herausgabe eines Theiles der Briefe, die der Reisende von seinen mühseligen und gefahrvollen Wanderungen heimgesendet, dem beklagenswerthen jungen Forscher ein literarisches Denkmal zu errichten. Hindernisse verschiedener Art verzögerten bisjetzt die Ausführung dieser Absicht und ermöglichen erst heute die Drucklegung der nachstehenden Mittheilungen.

Nach frisch empfangenen Eindrücken schildern die Briefe Böhm's in warmer, anschaulicher Darstellung Gebiete des östlichen Aequatorialafrika, welche vor ihm kein Forschungsreisender betreten hatte. Sie geben uns ein wahrheitsgetreues und ungeschminktes Bild des Lebens und der Zustände in jenen schwer zugänglichen Ländern, wie wir es noch nicht besitzen, und schildern, oft in humorvoller, stets lebensfrischer Darstellung jene wilden Volksstämme, in deren Mitte der Reisende mit seinen Gefährten vier Jahre verweilt hat. Einzelne der landschaftlichen Schilderungen können als Meisterwerke der Darstellung bezeichnet werden. Sie dürften von um so höherm Werthe sein, als eigentlich kein Reisender, welcher Theile jener Gebiete Ostafrikas besucht, uns anschauliche und charakteristische landschaftliche Bilder in seinen Reisewerken gegeben hat.

Die nachstehend veröffentlichten, von eigenem Reiz erfüllten Briefe Richard Böhm's werden, deß sind wir sicher, in allen Kreisen sich viele Freunde erwerben. Sie werden aber auch von neuem die Klage wachrufen, daß der hoffnungsvolle, muthige Forscher bereits in so jugendlichem Alter den Seinen, seinen Freunden und der Wissenschaft entrissen wurde!

Das dem Buche beigegebene Bild Dr. Böhm's ist nach einer Photographie gefertigt, die wenige Tage vor der Abreise nach Afrika in Berlin aufgenommen worden ist. Es stellt den Reisenden im Jagdanzuge, wie er ihn zu tragen liebte, dar. Die zur Orientirung der Leser dienende Uebersichtskarte der Reisen des Verfassers in Ostafrika ist nach den Originalaufnahmen Dr. Kaiser's, Paul Reichard's und Dr. Böhm's, wie sie in den Mittheilungen der Afrikanischen Gesellschaft in Deutschland zur Veröffentlichung gelangt sind, zusammengestellt worden.

Frau Geheimrath Böhm, die in dem früh Dahingeschiedenen einen hoffnungsvollen, hochbegabten Sohn in treuer Mutterliebe betrauert, sprach dem Unterzeichneten gegenüber den Wunsch aus, die folgenden Briefe ihres Sohnes durch eine biographische Skizze eingeleitet zu sehen. Mit Freuden kam dieser der Aufforderung nach. Langjährige Freundschaft und gleichartige Studien und Arbeiten auf dem Gebiete der Ornithologie verbanden ihn auf das innigste mit dem Verstorbenen und freudig benutzte er in dankbarer Erinnerung an die Stunden gemeinsamer Thätigkeit die gebotene Gelegenheit, in einer kurzen biographischen Skizze der Bedeutung seines unglücklichen Freundes als Mensch und als Forscher gerecht zu werden.

Berlin, im August 1887.

Herman Schalow.

Richard Böhm.
In Memoriam.

Am 4. April 1885 theilte in einer Sitzung der Gesellschaft für Erdkunde zu Berlin der damalige Vorsitzende der Afrikanischen Gesellschaft in Deutschland, Contreabmiral Freiherr von Schleinitz, den Anwesenden mit, daß nach den Berichten von arabischen Elfenbeinhändlern zwei weiße Reisende im Gebiete von Njangwe, westlich vom Tanganjika, gesehen worden sein sollten. Dieselben hätten die Richtung nach den Stanleyfällen am Kongo eingeschlagen. Für ihn, bemerkte Freiherr von Schleinitz, bestände kein Zweifel, daß diese weißen Reisenden Dr. Richard Böhm und Paul Reichard gewesen seien. Der Genannte fügte noch hinzu, daß er bei der Internationalen Kongogesellschaft bereits die nöthigen Schritte gethan habe, um den beiden Reisenden, wenn sie das Gebiet jener Gesellschaft betreten werden, eine gastliche Aufnahme zu bereiten.

So war denn endlich wieder ein Lebenszeichen von Böhm erschienen, nachdem beinahe zwei lange Jahre hindurch jede Nachricht von dem Reisenden gefehlt, nachdem er zwei Jahre hindurch als ein Verschollener gegolten hatte. So durfte denn endlich der frohen Hoffnung Raum gegeben werden, in einigen Monaten von dem Eintreffen der kühnen Reisenden im Westen Afrikas, an der Küste des Atlantischen Oceans, die freudige Kunde zu vernehmen.

Doch schnell und mit jähem Schlage wurden all die Hoffnungen wieder zerstört, die sich an diese Nachricht geknüpft. Statt der Jubelkunde, daß es wieder einem kühnen Pionier der Wissenschaft gelungen, auf bisher unbetretenen Pfaden den schwarzen Continent von Ost nach West zu durchqueren, traf von dem Punkte, an dem Böhm seine Wanderungen begonnen, die niederschmetternde Nachricht ein, daß der Reisende nie wieder der deutschen Heimat Erde betreten wird. Ein kurzes Telegramm seines überlebenden Gefährten Reichard, das durch Gerhard Rohlfs in Sansibar übermittelt wurde, meldete den Tod Richard Böhm's! —

Ein hochbegabter, ein edler Mensch war den Seinen, war der Wissenschaft entrissen worden. Ein Ritter ohne Furcht und Tadel hatte Böhm in all dem Unglück, das ihn während seiner vierjährigen Reisen in Afrika mit entsetzlicher Beharrlichkeit verfolgte, muthig und unentwegt an den hohen Idealen festgehalten, denen er in den glücklichen Tagen froher Jugend Treue geschworen. Ein für das Höchste begeisterter junger Forscher, adelich in jenes Wortes hehrer Bedeutung, welche wir nur auf die besten und edelsten Geister anzuwenden gewohnt sind, ist in der Blüte seiner Jahre durch den unerbittlichen Tod von seinem Arbeitsfelde abberufen worden. —

Am 1. October 1854 wurde Richard Böhm in Berlin geboren. Sein Vater war der bekannte Arzt, Geheimer Medizinalrath Professor Dr. Ludwig Böhm, dessen plötzlicher, durch eine Blutvergiftung herbeigeführter Tod in allen Kreisen Berlins seinerzeit das größte Aufsehen und die weitgehendste Theilnahme hervorrief. Seine Mutter ist eine Tochter des Generals von Meyerinck. In Berlin besuchte Böhm die Schule. Nach einem glänzenden Examen — von der mündlichen Prüfung wurde er dispensirt — verließ er 1874 mit dem Zeugniß der Reife das Wilhelmsgymnasium, um sich nun, seinen innersten Neigungen folgend, zoologischen Studien zu widmen. Begabt mit einem außerordentlich scharfen Blick für die

Erscheinungen in der freien Natur, der ihm oft in den unscheinbarsten Dingen eine Fülle von Beobachtungsmaterial darbot, hatte er sich von der allerfrühesten Jugend an auf das lebhafteste zu der Thierwelt hingezogen gefühlt. Eidechsen, Schlangen und Lurche wurden von ihm in Gefangenschaft gehalten, und deren scheinbar langweiliges, verstecktes Leben und Treiben zum Gegenstande beharrlichster Beobachtungen gemacht. Als ihm an einem Weihnachtstage die Freude wurde, Brehm's „Thierleben" zum Geschenk zu erhalten, wurde dieses Werk eine Quelle ungeahnten Genusses für den wißbegierigen Knaben. Es ist für Böhm's spätere, fast ausschließlich auf die Erforschung der höhern Thierwelt gerichtete Thätigkeit charakteristisch, daß er sich bereits in jugendlichem Alter auf das lebhafteste zu den Wirbelthieren hingezogen fühlte, den Gliederthieren dagegen, besonders also den Käfern und Schmetterlingen, die durch ihre Farbenpracht, durch ihre oft sonderbare Form und Gestaltung, wie durch den wunderbaren Proceß ihrer Verwandlung meist den Sinn der Jugend auf sich zu lenken und den Ausgangspunkt für zoologische Beschäftigungen zu bilden pflegen, so gut wie kein Interesse entgegenbrachte. Es galt ihm als ernste Aufgabe, das höher organisirte Thier in seinem instinctiven Leben und Treiben zu beobachten, die Beziehungen des einzelnen Individuums zu der Gesammtheit kennen zu lernen und das selbständige und selbstthätige, eigenartige Handeln in einzeln gegebenen Lagen des thierischen Daseins zu erkennen. Er suchte zu prüfen, wie sich die Handlungsweise der Thiere, welche meist als das Ergebniß eines uns unverständlichen Naturtriebes angesehen wird, als eine Folge besonderer Sinnesschärfe, als eine verständige Verwerthung der empfangenen Sinneseindrücke erklären läßt.

Eine warme Liebe für die umgebende Natur war Böhm gegeben. Nichts konnte ihm ein größeres Gefühl tiefster Befriedigung gewähren als diese warme Liebe durch ein freies,

ungebundenes, von allem Zwange der Gesellschaft losgelöstes
Umherstreifen in Wald, Feld und Bruch bethätigen zu können.
Ohne auf Weg und Steg zu achten, ohne Ziel in unsern
märkischen Heiden herumzustreifen, nur bestrebt, in den Lebens=
erscheinungen unserer höhern Thierwelt neue ihm bis dahin
unbekannte Momente aufzufinden, das galt ihm immer als
höchstes Glück. Für viele seiner spätern wissenschaftlichen
Arbeiten ist ihm in Fachkreisen die lebhafteste Anerkennung
zutheil geworden, aber diese Veröffentlichungen, die auf
den mühsamsten und eingehendsten wissenschaftlichen Studien,
auf den peinlichsten Untersuchungen mit Mikroskop und Scal=
pell beruhten, galten ihm weniger als jene kleinen Skizzen,
die auf Grund eigener Beobachtungen das Leben der Thiere
zu schildern suchten. Gefestigt wurde diese Liebe für ein un=
gebundenes „Strolchen" in Gottes freier Natur in jenen
Jahren, als Böhm durch seinen Großvater, einen leidenschaft=
lichen Jäger, angeregt, selbst zur Büchse greifen durfte, um
sich zum waidgerechten Jäger heranzubilden. Die ausge=
dehnten Güter seines Onkels, des Grafen Plessen auf Ivenack,
boten ihm die wildreichsten Gefilde zur Ausübung der ge=
liebten Jagd.

Nach abgelegtem Abiturientenexamen begab sich Böhm
nach der Schweiz und ließ sich an der Akademie zu Lau=
sanne immatriculiren. Ein oder zwei Semester hörte er dort
Zoologie und vergleichende Anatomie. Mehr als in den
Hörsälen war er jedoch auf einsamen Excursionen im Jura
oder in den Berner Alpen zu finden. Von Lausanne ging
er nach Jena. Hier waren es vornehmlich des genialen
Häckel Lehren, die den jungen Studenten mächtig fesselten.
Von der Ueberzeugung durchdrungen, daß die Entwickelungs=
geschichte der Organismen in der Gegenwart eine herrschende
Stelle einzunehmen berufen sei und nicht mehr als ein iso=
lirtes Specialfach einzelner Naturforscher betrachtet werden
dürfe, nahm Böhm voll und ganz die Ansichten seines

Lehrers in sich auf und trat mit all der ihm eigenen Energie für dieselben ein, nicht nur mit Bezug auf die Stellung, welche Häckel der Entwickelungsgeschichte unter den übrigen Wissenschaften zugewiesen wissen wollte, sondern auch bezüglich der vielfachen Aufgaben, des Begriffs, Inhalts und Umfangs dieser jüngsten Disciplin naturwissenschaftlicher Forschung. Gleichwie Häckel und vor diesem Carl Ernst Bär, so glaubte auch Böhm „Beobachtung und Reflexion, beide als die einzigen und in sich vollkommen gleichberechtigten Richtungen und Wege, die dem Ziele einer wissenschaftlichen Entwickelungsgeschichte entgegenführen", betrachten zu müssen. Jede der beiden Methoden der Forschung für sich allein hält er nach seiner Ueberzeugung für unzureichend und lückenhaft, beide bedürfen und ergänzen einander in weitgehendster Weise. Noch heute ist es mir, als ob ich meinen Freund Böhm höre, wie er gegen diejenigen Zoologen zu Felde zog, die sich eine ganz hervorragende und in vieler Beziehung unübertreffliche Kenntniß in der Einzelforschung erworben, nun aber in ihrer Einseitigkeit voller Dünkel auf diejenigen herabblicken, die auch die andere methodische Richtung der Forschung gewahrt wissen wollen. Wie oft richteten sich seine Aeußerungen in dieser Beziehung gegen den verstorbenen Professor Peters, der, ein Gegner des Darwinismus, stets die Ansicht vertrat, daß das seit vielen Decennien in unsern Museen zusammengebrachte Material noch lange nicht zu einer synthetischen Bearbeitung desselben genüge. Gegen den Vorwurf von solcher Seite, „Hypothesendrechsler" zu sein, machte Böhm stets auf das energischste Front. Mit einer Fülle von Scharfsinn pflegte er die Lehren Häckel's, den er auf das innigste verehrte, gegen die Gegner des Darwinismus zu vertheidigen.

Ein sehr wesentlicher, stark ausgeprägter Zug in Böhm's Charakter darf vielleicht bei dieser Gelegenheit mit besonderm Nachdruck hervorgehoben werden: es ist der für wissenschaftliche Wahrhaftigkeit, der eigentlich sein innerstes Wesen ausmachte. In dieser Beziehung war er gegen sich und andere von unnachsichtlicher Strenge. Sehr richtig schildert diesen Zug in seinem Wesen ein alter Schulkamerad Böhm's, der jetzige Generalkonsul Dr. Beldimanu in Sofia. „Richard's selbständige Untersuchungen", schreibt der Genannte an Böhm's Mutter, „waren für ihn, bis sie zum Abschluß gelangten, ein beständiges Ringen und Suchen, wobei es oft zu leidenschaftlichen Ausbrüchen über die Schwierigkeiten kam, die sich ihm entgegenstellten, und die er nie umging. Alles Halb- oder Scheinwissenschaftliche war ihm in der Seele zuwider und er fand hierfür die seinem kernigen Wesen entsprechenden drastischen Bezeichnungen. Er hat bei dieser Geistesrichtung in die Schäden des heutigen Wissenschaftsbetriebes, wie er gäng und gebe ist, tiefe Einblicke gethan und sich mir gegenüber hierüber sehr oft ausgesprochen. Auch der Nimbus mancher Universitätsgrößen machte, wie Sie sich erinnern werden, auf ihn keinen Eindruck mehr. Er durchschaute die Hohlheit überall, wo er ihr begegnete, und er hat gerade mit dieser Seite der menschlichen Schwächen viele sehr unangenehme und aufreibende Erfahrungen gemacht und manchen Kampf bestanden. Dieser sein hauptsächlicher Charakterzug, der mir stets lebhaft in Erinnerung geblieben ist, ist auch der Grund, daß er nach dem tragischen Ende seiner Laufbahn noch nicht die Anerkennung gefunden hat, die man viel Unbedeutendern nicht versagt. Er ist eben sein Lebenlang nie der Reclame und Protection nachgelaufen und hat niemand den Hof gemacht."

Während seiner Studienzeit in Jena arbeitete Böhm außerordentlich fleißig. Von früher Jugend an war in ihm die Ueberzeugung rege, daß er alles, was er erreichen wollte, durch eiserne Arbeit erringen müsse. „Auf Glück darf ich nicht hoffen", pflegte er oft zu sagen, ein Ausspruch, der leider zur Wahrheit geworden ist. Die freien Stunden, die ihm neben Collegien und den Arbeiten in den Laboratorien blieben, benutzte er zu zoologischen Excursionen. Sein Verkehr beschränkte sich auf wenige Studiengenossen, deren Wesen ihm sympathisch war. Das studentische Leben und Treiben mit seinen Extravaganzen war seiner vornehm zurückhaltenden Natur in der Seele verhaßt. In einem kleinen Kreise Gleichgesinnter fühlte Böhm sich wohl, hier trat er aus der ihm oft zum Vorwurf gemachten Reserve heraus, hier kam sein lebhaftes jugendfrohes Wesen und sein ansteckender Humor zu prächtiger Entfaltung.

In Berlin, wo er seine Studien fortsetzte, hörte Böhm bei Professor Peters allgemeine Zoologie sowie Collegien über Säugethiere, bei Professor von Martens solche über die Fauna der Mark, über Mollusken, u. s. w. Vornehmlich aber arbeitete er unter Professor Cabanis' und Dr. Reichenow's Leitung in der ornithologischen Abtheilung des königlichen Zoologischen Museums. Durch seinen Studiengenossen, unsern gemeinschaftlichen Freund Hans Gadow, jetzt Docent für Zoologie und vergleichende Anatomie der Wirbelthiere an der alten Universität Cambridge, war er bei den genannten Gelehrten eingeführt worden. Den Abschluß fanden Böhm's Studien bei seinem alten Lehrer in Jena, wo er 1877 promovirte. Auf Häckel's Veranlassung hatte er während seiner Arbeiten in den dortigen Laboratorien den Medusen seine specielle Aufmerksamkeit geschenkt und Material für eine größere Arbeit über dieselben gesammelt. Zweimal besuchte er Helgoland, einmal zur Frühjahrszeit, als noch kein Badegast auf dem rothen Felsen war, und einmal im späten Herbst. An frischgesammelten Exemplaren — der allen Zoologen wohlbekannte treffliche Fischer Hilmar Lührs fuhr täglich mit ihm zum Fang hinaus — machte er hier anatomische Untersuchungen, beobachtete, mikroskopirte, zeichnete und stellte seine Doctordissertation fertig. Unter dem Titel: „Helgolander Leptomedusen" wurde dieselbe im Jahre 1878 veröffentlicht. Sechs Tafeln, von Böhm gezeichnet, wurden der Arbeit beigegeben.

Die Entdeckung des Polymorphismus und des Generations=
wechsels bei den Zoophyten hatten diese in den letzten Jahren
zum Gegenstand lebhafter Streitfragen gemacht. Viele sorg=
fältige und ergänzende Arbeiten wurden nöthig, um Klarheit
in die verworrene Materie zu bringen. Böhm war im Laufe
seiner Studien zu der Ueberzeugung gelangt, daß ein Theil
dieser neuen Aufschlüsse von eingehender Untersuchung ver=
wandter Thierklassen erwartet werden dürfte. Er wählte
für seine Arbeiten die Klasse der Hydromedusen. Im An=
schluß an die Forschungen von van Beneden, Agassiz, Leuckart,
Forbes u. s. w. veröffentlichte Böhm in seiner Dissertation
einen Beitrag zur Kenntniß einiger Leptomedusen. Dieselbe
behandelt, nach eingehenden Studien über Anatomie und
Histologie, über Knospung der Leptomedusen, die Böhm im
April an einer Meduse, der Lizzia octopunctata *Sars*, und
im August an einem Polyp, der Bougainvilla ramosa *van
Ben.*, trefflich beobachten konnte, nach sorgfältigen Unter=
suchungen der morphologischen Individualitätsstufen der cra=
spedoten Medusen, auf deren ganz außerordentliche Bedeutung
Häckel in dem ersten Bande seiner großen Monographie der
Kalkschwämme hingewiesen hatte, sie behandelt nach all diesen
allgemeinen Theilen im einzelnen vierzehn beobachtete und
untersuchte Arten. Hier geht Böhm ganz eingehend auf die
außerordentlich verwirrte und unklare Synonymie und Syste=
matik der Leptomedusen ein. Er gelangt nach der Unter=
suchung der wenigen Arten, die er auf Helgoland in leben=
dem Zustande beobachten konnte, zu der festen Ueberzeugung,
daß eine große Anzahl der beschriebenen Species eingezogen
werden müsse. Häckel soll sich außerordentlich anerkennend
über diese Arbeit seines Schülers ausgesprochen haben.

Nach Beendigung seiner Studien blieb Böhm in Berlin.
Es war im Frühjahr 1878. Nach all der Thätigkeit der
letzten Jahre in Laboratorien und Sammlungen sehnte sich
sein Herz wieder nach grünem Wald und brauner Heide.

Beim Ordnen seiner hinterlassenen Papiere fand sich ein Heft mit dichterischen Versuchen, von dessen Existenz weder Verwandte noch Freunde eine Ahnung gehabt hatten. Eins dieser kleinen Gedichte spiegelt so recht getreu den Gemüthszustand Böhm's in jener Zeit wieder, daß ich es mir nicht versagen kann, es der Vergessenheit zu entziehen und hierherzusetzen. Es ist überschrieben „Neuer Frühling (1878)" und lautet:

> Nun singt aufs neu herab vom Ast
> Der Finke seinen Triller,
> Durch Wolkenstreifen fällt mit Hast
> Der Frühlingssonnenschiller.
>
> Der warme Wind geht durchs Geäst
> Mit tönendem Gebrause,
> Die Erde schmückt sich neu zum Fest —
> Heraus aus enger Klause!
>
> Ich habe lang genug gehockt
> Bei Büchern und Papieren
> Und bei Folianten, gelb verstockt,
> Mit Grübeln und mit Schmieren.
>
> Ich hab' mich lang genug geplagt,
> Um Haar für Haar zu spalten,
> Was Der gesehn und Der gesagt,
> Und Der für recht gehalten.
>
> Ein Frühling und ein Sommer schwand,
> Ich hab' es kaum vernommen,
> Und schnell verrinnt des Lebens Sand,
> Was ging, wird nie mehr kommen!
>
> Drum laß den dumpfen Büchersaal
> Den rundbebrillten Greisen
> Und die Museumsschränke all
> Den großen Bälgeweisen!
>
> Hoch überm Baum der Sperber ruft,
> Der todt hier glotzt vom Brette,
> Für Bücherstaub und Moderduft
> Gibts draußen keine Stätte! —

> Und wenn Du denkst: Ich hätte hier
> Manch Wissen mir erworben,
> So tröste Dich, daß doch an mir
> Ein Bummler ist verdorben!

Viele Excursionen standen nun auf der Tagesordnung. Daneben begannen die ersten Vorbereitungen für die geplanten afrikanischen Reisen. Bereits in frühen Jahren hatte sich Böhm die zoologische Erforschung Afrikas zum Ziel gesetzt. Unverrückbar stand dasselbe stets vor ihm. Mit aller Energie ging er jetzt daran, dieser Lebensaufgabe näherzutreten. Die Zeit bis zum April 1880, in welchem Monat Böhm Deutschland verließ, wurde zu den eifrigsten wissenschaftlichen wie technischen Studien und Vorbereitungen aller Art — selbst das Schustern, Löthen und manch anderes erlernte er — verwendet. Aber neben ernster Arbeit wurde auch der Verkehr mit gleichgesinnten Freunden auf das eifrigste gepflegt.

Täglich waren wir in jener Zeit beisammen. Die köstlichen Stunden, die ich damals mit Böhm verlebt, werden mir nie aus der Erinnerung schwinden und sich stets in ungetrübter Klarheit wiederspiegeln, wenn ich des unglücklichen Freundes gedenke. Wir hatten damals alles, was wir brauchten. Tages Arbeit, abends Gäste: theilnehmende und geistig rege Genossen, die gleich uns denselben Idealen nachstrebten und durch ernstes Arbeiten und mühselige Forschungen im Getriebe wissenschaftlichen Lebens eine Position zu erringen suchten. Mancher jetzt wohlbestallte Freund in Amt und Würden wird sich noch gern der Zeiten erinnern, in denen wir in toller Jugendlaune oft bestrebt waren „den Mittwoch in den Donnerstag zu längern". Namen von gutem Klange waren an unserer fröhlichen Tafelrunde vereint. Oft auch, sehr oft, saßen wir beide abends allein in dem mit Anton von Werner's und Wilberg's Bildern geschmückten Café Bauer, um uns nach anregender Plauderei erst in frühester Morgenstunde zu trennen. In solchen Stunden habe ich Böhm recht kennen und lieben gelernt, da gab er sich voll und ganz, da offenbarte er sein Fühlen und Denken. In ernster Rede und im fröhlichen Geplauder gab er mehr als er empfing. Mit warmen Worten, voll mittheilender Ueberzeugung, trat er für seine Ansichten ein. Nicht nur unserer zoologischen Lieblingsdisciplin, der Ornithologie, galten unsere Debatten: meine Berufsthätigkeit als Kaufmann, ein neu erschienenes Buch, ein neu ausgestelltes Bild, und was sonst auf der Tagesordnung stand, bildeten den Gegenstand zum Austausch der Meinungen. Besonders in Bezug auf die darstellende Kunst liebte Böhm sein Urtheil abzugeben. Und dies nicht ohne Grund. Mit ausgezeichnetem Talent hat er selbst gezeichnet und aquarellirt. Sein Lehrer in dieser Kunst, der bekannte Historienmaler Professor Händler, sagte mir noch jüngst, daß Böhm mit seiner Begabung ein tüchtiger Maler hätte werden können. Die vielen Abbildungen zu seinen zoologischen Arbeiten sind ganz vorzüglich. Ich besitze einen großen Quartband, den er mir kurz vor seiner Abreise geschenkt, ein Manuscript, in welchem er eine Hofjagd unsers Kaisers in der Schorfheide bei Werbellin schildert. Dem begleitenden Text ist eine große Anzahl von Zeichnungen beigefügt, theils Episoden der Jagd, theils Thierbilder darstellend. Alle diese Zeichnungen zeugen von liebevollster und charakteristischer Nachahmung der Natur, die aus der reinen Freude an der scharfen Beobachtung hervorgeht. Seine Mutter und Schwester bewahren Mappen und Bände voll unzähliger Skizzen und Entwürfe. Die wenigen von Reichard heimgebrachten afrikanischen Aquarelle, landschaftliche Darstellungen und Thierbilder: Giraffen, Zebras, Antilopen, Löwen, Elefanten u. s. w. erregen die Bewunderung und Anerkennung eines jeden, dem ein Einblick in diese Schätze gegeben wurde.

In die Zeit der Vorbereitungen für seine afrikanischen Reisen fielen einzelne kleine Ausflüge, nach Kassel, wo Böhm an der 52. Versammlung Deutscher Naturforscher und Aerzte theilnahm, nach Stettin, zu einer Jahresversammlung der Allgemeinen Deutschen Ornithologischen Gesellschaft, die uns die langersehnte Gelegenheit gab, die prächtigen, schon von Hansmann geschilderten curower Sumpfgebiete mit ihren großen Cormorancolonien kennen zu lernen, sowie schließlich ein längerer Aufenthalt auf den Gütern seines Onkels, des Grafen Plessen-Jvenack, und auf der Insel Sylt. Die beiden letztern Ausflüge, die der Jagd sowie ornithologischer Beobachtung gewidmet waren, sind von Böhm in anziehendster Weise im Ornithologischen Centralblatt geschildert worden. Neben diesen kleinen Reisen wurden zoologische Jagdexcursionen nach allen Theilen der Mark Brandenburg unternommen. Böhm war ein trefflicher Waidmann, der selten mit seiner Büchse einen Fehlschuß that und wie ein Mann der grünen Farbe im classischen Waidmannslatein sich auszudrücken pflegte, ebenso aber auch in Herrn Petermann's köstlichen Jagdgeschichten Bescheid wußte.

Als Ergebniß der Beobachtungen und Wanderungen in unserer heimischen Mark darf ein Vortrag gelten, welchen Böhm, einer Einladung des Ornithologischen Vereins in Stettin folgend, im Januar 1880 daselbst gehalten. Der Vortrag wurde später unter dem Titel: „Im Sande der Mark" in der Zeitschrift der genannten Gesellschaft veröffentlicht. Er enthält köstliche Schilderungen unserer so oft mit Unrecht geschmähten Heimat. Die öden, traurigen Heiden mit ihren Thymian- und Ginsterbüschen, das Gebiet des Spreewaldes mit seinen Erlen- und Bruchwaldungen, die einsamen, armseligen, im hohen Kieferforst verlorenen Heidedörfer finden in Böhm einen verständnißvollen, warm empfindenden Schilderer. Er hatte damals schon manch Stück Erde gesehen, aber über großartigern und gewaltigern Eindrücken aus der Fremde hatte er noch immer nicht verlernt, stets wieder gern im Heidekraute eines unserer winzigen Höhenzüge zu liegen und hinüberzuschauen über die weiten, einförmigen Forsten, wo das goldige Roth, das dem obern Theil des Kiefernstamms eigen ist, im Abendschein durch die Nadeln leuchtet, wo die fernern Waldzüge sich immer mehr in ein dämmeriges Blau hüllen und selten einmal der gellende Schrei eines Bussards die rings waltende Stille unterbricht.

Neben der vorerwähnten Arbeit und einer Reihe anderer populärer Aufsätze im Ornithologischen Centralblatt, in der Deutschen Acclimatisation, im Feuilleton des Deutschen Montagsblattes, einer Anzahl von Artikeln über Protozoen in der Encyklopädie der Naturwissenschaften veröffentliche Böhm in dieser Zeit noch zwei wissenschaftliche Specialarbeiten. Auf Veranlassung des Directors des Berliner Museums, Professor Peters, bearbeitete er die in der gedachten Sammlung befindlichen Pycnogoniden. Die erste dieser Arbeiten: „Ueber die Pycnogoniden des Königlichen Zoologischen Museums zu Berlin, insbesondere über die von S. M. S. Gazelle mitgebrachten Arten" erschien in den Monatsberichten der Königlichen Akademie der Wissenschaften (20. Februar 1879), die zweite in den Sitzungsberichten der Gesellschaft Naturforschender Freunde in Berlin. Böhm beschrieb in diesen Untersuchungen, zu denen er verschiedene Tafeln mit Abbildungen zeichnete, ein neues Genus, Lecythorhynchus, und zehn neue Arten. Professor C. Hoek in Leyden, eine Autorität, citirt in seinem großen Werke: „Report on the Pycnogonida, dredged by H. M. S. Challenger" (London 1881) sehr oft die Böhm'schen Untersuchungen. Er sagt an einer Stelle: „Böhm has made a very careful study of the Pycnogonids of R. M. of Berlin", und an einer andern: „With a few exceptions the zoological publications about Pycnogonids are very superficial; to describe new species ought not to be the work of one who begins to study a group, as is often the case, but can only be done properly after laborous and continuous research." Und obgleich Böhm sich vorher nie mit dieser Klasse des Thierreiches beschäftigt und nur auf Wunsch von Professor Peters die im Berliner Museum befindlichen Arten in kurzer Zeit durchgearbeitet hatte, so sind dennoch — ein glänzender Beweis für Böhm's scharfe Beobachtungsgabe — neun der von ihm beschriebenen neuen Arten anerkannt worden und nur eine, Nymphon horridum von den Kerguelen, hat sich als identisch mit einer bereits früher beschriebenen Art (N. brevicaudatum *Miers*) erwiesen. Hoek erhob eine der neuen Arten, Pycnogonum chelatum, zum Typus einer neuen Gattung, die er Böhm zu Ehren Böhmia benannte.

All die vorerwähnten Arbeiten und Beschäftigungen gingen bescheiden neben den eifrig betriebenen Vorbereitungen für die afrikanische Reise her. Ursprünglich beabsichtigte Böhm mit dem Major von Mechow nach Westafrika, nach dem Kuango, zu gehen, entschloß sich aber später, einem Rufe der Deutschen Afrikanischen Gesellschaft zu folgen und sich zur Gründung von Stationen nach Ostafrika zu begeben. Mit allem Eifer ging er noch in den letzten Monaten daran, Arabisch und die Suahelisprache zu lernen. Seine Lehrerin in der letztern war Frau Ruete, die bekannte Prinzessin Salima von Sansibar, die damals in Berlin lebte.

Im Anfang April 1880 verließ Böhm mit seinen Begleitern, Hauptmann von Schoeler und Ingenieur Paul Reichard, Berlin; der Geograph der Expedition, Dr. Kaiser, folgte in einem Monat nach. Am 5. April drückten wir, Dr. Reichenow und ich, auf dem Anhalter Bahnhofe in Berlin dem scheidenden Freunde zum letzten male die Hand. Wir hatten fürs Leben Abschied genommen! —

Wenn ich nun zu dem Abschnitt in Böhm's Leben komme, der die Reisen desselben im östlichen Aequatorialafrika umfaßt, so ergreift mich ein Gefühl des Misbehagens, wenn ich derselben gedenken soll. Unglück und nichts als Unglück ist zu berichten. Mit Wehmuth muß es uns erfüllen, wenn wir sehen, wie sich ein Misserfolg nach dem andern an die Sohlen eines Forschers heftet, der mit heiliger Begeisterung das Ziel, das er sich gesetzt, verfolgt, der kühn sein Bestes gibt und muthig sein Leben für die erwählte Sache in die Schanze schlägt. Und doch wieder, wenn ich die Reisebriefe durchblättere, die ein getreueres Abbild seines Fühlens und Denkens geben, als die für die Oeffentlichkeit bestimmten Berichte, muß ich mir, trotz des Widerwillens, bewundernd die Frage vorlegen, wie ist es nur möglich, daß Böhm bei all dem Unglück nichts von seiner rastlosen Energie, nichts von seinem zielbewußten Streben, von seinem zähen Festhalten an dem einmal gefaßten Plan eingebüßt hat? Seiner Energie, seinem muthigen Eintreten für die einmal begonnene Arbeit muß stets die ehrendste Anerkennung gezollt werden.

Ueber Venedig gingen die Reisenden nach dem schwarzen Continent. In Sansibar angekommen galt es die nöthigen Vorbereitungen für den Marsch in das Innere zu treffen. Die Zeit, in der die Karavanen organisirt wurden, benutzte Böhm, um die Insel Sansibar sowie einige Theile des gegenüberliegenden Küstenstrichs kennen zu lernen. Nach allen Richtungen hin durchstreifte er sammelnd und beobachtend das Gebiet, und die reizenden Schilderungen, welche er über Sansibar und Bagamojo veröffentlicht hat, verdanken diesen einsamen Excursionen ihre Entstehung. Am 27. Juli erfolgte der Aufbruch von Bagamojo, zur Abreise in das Innere. Schon in den ersten Tagen des Marsches machten sich starke Fieber- und Dysenterieanfälle bei den Reisenden in härtester Weise bemerkbar. Nach zweiundeinhalbmonatlicher anstrengender Wanderung rückte man in Tabora ein. Hier war nur kurze Rast. Es wurde beschlossen, das auf dem Wege von Tabora nach Karema gelegene Kakoma als Station zu wählen. Als man hier angelangt war und sich eingerichtet hatte, kehrte Herr von Schoeler, der ohne irgendwelche wissenschaftliche Aufgaben nur die praktischen Zwecke verfolgen sollte, nach Europa zurück.

Ueber ein Jahr diente Kakoma den Reisenden als Aufenthalt. Das Gebiet dieses Ortes sowie die weitere Umgebung desselben wurde nach jeder Richtung hin in sorgfältigster Weise erforscht. Böhm wie seine Begleiter haben viele werthvolle Berichte, Resultate ihrer Wanderungen und Forschungen, heimgesendet. Böhm besuchte von Kakoma aus vorzüglich den Ugallafluß zur Erforschung des Thierlebens desselben. Reichard hatte hier eine Jagdhütte, Waidmannsheil genannt, für ihn errichtet und ein Kanoe gezimmert. Hier verweilte Böhm viel und oft, nur begleitet von einigen seiner schwarzen Diener. Hier bearbeitete er seine Sammlungen, hier schrieb er seine Berichte und seine Briefe. Waidmannsheil war seine eigentliche Station. Und wie mußte ihn, den geborenen Beobachter des Lebens der Thiere, den waidgerechten Jäger, dem eine gut gemessene Portion Idealismus für das entbehrungsreiche und mühselige Leben in diesen wilden Uferwaldungen gegeben war, ein solcher Aufenthalt reizen, fern von dem ewigen Aerger mit der schwarzen Bande in Kakoma!

Nach dem Tode des Sultans Mlimangombe von Ugunda siedelten die Reisenden, einer Einladung der Nachfolgerin Discha folgend, nach Igonda über. Während Reichard die Uebersiedelung leitete, unternahmen Böhm und Kaiser eine mehrmonatliche Reise nach dem Tanganjikasee. Sie wollten versuchen, auf einem bisher weder von Europäern noch von Arabern beschrittenen Wege Karema, wo sich die belgischen Reisenden niedergelassen hatten, zu erreichen. Nach vielen Mühseligkeiten langten sie in Karema an, auf das herzlichste von dem Chef der Station, Kapitän Ramaekers, empfangen und bewirthet. Die Rückkehr nach Igonda verzögerte sich, da Böhm von einem außerordentlich starken Fieber ergriffen wurde, welches ihn zwang, längere Zeit in Karema zu verweilen. Nach mühseligsten Märschen — oft mußten die Reisenden auf unebenen glitschigen Wegen durch strudelndes, bis zum Gürtel reichendes Wasser waten, oft überrascht von tropischen Gewitterregen — langten Böhm und Kaiser am 23. December 1881 wieder in Igonda an, wo sie mit wahrhaft rührender Freude von Reichard und ihren alten Begleitern empfangen wurden.

Nach der Heimkehr von Karema hielt die Bearbeitung der auf der letzten Reise gesammelten Naturalien wie die Aufzeichnungen über die genommene Route die Reisenden längere Zeit in Igonda. Später, im März des folgenden Jahres, wurde eine Erforschungstour nach dem wenig bekannten Walaflusse unternommen. Im Sommer desselben Jahres beschäftigten neue Pläne für eine Reise in das Innere die Reisenden. Während die Vorbereitungen hierzu getroffen wurden, begab sich Böhm nach Waidmannsheil. Er gedachte die Zeit bis zur Abreise hauptsächlich auf das Erlegen, Beobachten, Zeichnen und Präpariren des dort außerordentlich häufigen großen Wildes zu verwenden. Zunächst stellte er zwei umfangreichere ornithologische und eine ichthyologische Arbeit fertig. Da brach plötzlich ein furchtbares Unglück über ihn herein. Von einigen seiner Leute war das Gras in der Nähe des Lagers angezündet worden, die Flamme griff plötzlich um sich, die Hütten fingen an zu brennen, und in kurzem war Waidmannsheil ein schwarzer, rauchender Schutthaufen. Böhm hatte alles verloren, was er besaß, mit Ausnahme des wenigen, was er gerade auf dem Leibe hatte. Verbrannt war nicht nur seine gesammte Ausrüstung, nicht nur alles Material zum Sammeln, Präpariren und Conserviren, sondern auch alle seine schriftlichen Aufzeichnungen, seine bereits in Europa angefertigten faunistischen Zusammenstellungen, seine Excerpte, Notizen, Abbildungen, alle seine Tagebücher, seine zoologischen Journale, botanischen Notizen, über 50 Blatt große Aquarelle, seine zoologischen Sammlungen und die vor kurzem fertiggestellten Arbeiten. Durch den furchtbaren Brand, der der Expedition fast die ganze Munition für die Gewehre, das Archiv, die Copirbücher u. s. w. raubte, hatte Böhm nicht nur den größten Theil der bisherigen Arbeitsresultate verloren, es war ihm auch die Möglichkeit genommen, in den unerforschten Gebieten, die sein Fuß demnächst betreten sollte, in befriedigender Weise arbeiten zu können. Niedergeschmettert durch das Unglück, vom Nothwendigsten entblößt, halb verhungert, langte der Reisende wieder in Igonda an.

Nach wenigen Monaten hatten Böhm und Reichard einen andern, weit härtern Verlust zu beklagen. Um die Mitte des November starb plötzlich Dr. Kaiser am Rikwasee, wohin er sich zur Erforschung desselben begeben hatte. Im Ufersande dieses Sees gruben ihm seine schwarzen Begleiter das Bett zur ewigen Ruhe.

Gegen Ende des December verließen Böhm und Reichard Igonda, erreichten auf bisher noch nie beschrittenen Wegen Karema, um nun von hier aus die beabsichtigte Reise in das Innere anzutreten. Die Ueberschreitung des Tanganjika erhielt durch eine Verwundung, welche Böhm bei der Erstürmung des Wawendeortes Katakwa empfing, und die ihn lange unter großen Schmerzen an das Bett fesselte, eine Verzögerung. Erst nach vier langen Monaten war er im Stande den See zu überschreiten und sich mit Reichard, der vorausgegangen, in Qua-Mpala am Lufuko, im Lande der wilden Warungu, zu vereinen. Von hier aus wurde der Marsch in das unbekannte Innere angetreten. Der letzte Brief, den Böhm an seine Schwester gerichtet, datirt vom 24. Juli 1883 und meldet seine glückliche Ankunft am Westufer des Sees. Er schließt mit den Worten: „Ehe wir in die Urwaldungen des unbekannten Innern untertauchen, rufe ich Euch allen ein herzliches Lebewohl zu!"

Nach diesen letzten Lebenszeichen, die nach der Heimat gelangt waren, begann für die Verwandten und Freunde Böhm's eine herbe Zeit des Wartens und Harrens, eine Zeit der Sorgen und der bangen Ungewißheit. Nichts hörte man mehr von der Reisenden Schicksal: sie waren verschollen!

Monate um Monate verrannen, aber sie brachten von den beiden muthigen Forschern keine Kunde. In banger Erwartung hoffte man täglich auf die Nachricht, daß es Böhm und Reichard gelungen, den schwarzen Continent von Ost nach West zu durchqueren. Aber kein Telegramm brachte die frohe Meldung. Da plötzlich, nach beinahe zwei Jahren, im Mai 1885 kommt endlich eine Nachricht, aber eine Nachricht, die mit einem Schlage erbarmungslos alle Hoffnungen zerstört und in ihrer kalten Nacktheit nur die Frage über das wie und wo offen läßt. Ein bald darauf eintreffender Brief des überlebenden Gefährten an die unglückliche Mutter Böhm's löste alle Fragen.

Böhm war todt! „Er verschied", so heißt es in dem Briefe Reichard's, „am 27. März 1884 am Fieber nach zehntägigem schweren und schmerzhaften Krankenlager, während der Belagerung von Katapäna, im südlichen Urua, drei Tagereisen südlich von dem von uns entdeckten Upämbasee." Während der Wanderung vom Tanganjika nach dem vorgenannten See hatte Böhm zwei äußerst heftige Fieberanfälle zu überwinden gehabt. Die Reisenden beabsichtigten die Quellen des Lualaba und Lufira zu erforschen, wurden aber durch das Mistrauen des Häuptlings Msiri zurückgehalten. „Wir waren gezwungen", fährt Reichard in dem oben erwähnten Briefe fort, „vollständig unthätig zu bleiben. Dies war für Richard um so empfindlicher, als alle die für seine Arbeiten nothwendigen Dinge noch nicht in seinen Besitz gelangt waren. Er war außer Stande irgendwelches Material für spätere Arbeiten zu sammeln. Hierzu kam noch ein unangenehmer Auftritt mit unsern Leuten, und so konnte sein ohnedies schon sehr geschwächter Körper dem Aerger, den Enttäuschungen und Aufregungen nicht länger widerstehen. Am Abend des 16. März, nachdem wir noch über unsere zukünftigen gemeinsamen Unternehmungen gesprochen, überfiel ihn plötzlich ein sehr heftiges Fieber. Wachend verbrachte ich die Nacht.

Am 22. März trat eine Besserung ein. Wir unterhielten uns den ganzen Nachmittag, sodaß ich glaubte, Anzeichen von Genesung wahrnehmen zu dürfen. Am nächsten Morgen war jedoch sein Zustand ein derartiger, daß ich alle Hoffnung aufgeben mußte. Tag und Nacht wich ich nicht von seiner Seite. Er rief mich fortwährend bei meinem Namen und bat mich flehentlichst um Hülfe, die ich ihm doch nicht zutheil werden lassen konnte. Nicht einmal um ihn zu täuschen konnte ich ihm indifferente Mittel reichen, da er selbst Wasser nur in ganz geringer Menge bei sich behalten konnte. Was ich dabei für Seelenqualen ausgestanden, läßt sich nicht beschreiben. Am 26. gegen Abend reichte er mir die Hand und sagte: «Glaube mir, ich muß sterben, ich habe einen Ekel vor mir.» Die folgende Nacht war fürchterlich, für ihn und für mich. Am Morgen sagte er: «Vielleicht sterbe ich, vielleicht wendet sichs zum Bessern.» Er bat mich oft, ihm die Füße, die er nicht mehr bewegen konnte, zu reiben, was ihm außerordentlich wohl that. Gegen 9 Uhr vormittags bemerkte ich plötzlich eine Veränderung in seinem Zustand. Die vorher ganz gelbe Haut wurde blasser und blasser und an den Beinen lederartig. Er bat mich nochmals, mich mit weitgeöffneten Augen ansehend, ihm die Beine zu reiben. Das Sprechen kostete ihm bereits große Anstrengung, seine geistigen Kräfte hatten nachgelassen. Von nun ab lag er ruhig, ohne noch etwas zu sprechen. Gegen 12 Uhr verschied er nach kurzem Todeskampfe. Ich drückte ihm die Augen zu und begrub ihn am Nachmittag eine halbe Stunde vom Lager entfernt unter einem schönen Baume. Alle Spuren mußte ich sorgfältig verwischen, um seine irdischen Reste nicht der Leichenschändung durch die Warua auszusetzen."

Dies der Bericht seines treuen Genossen!

Richard Böhm war todt! — So endete, im noch nicht vollendeten dreißigsten Lebensjahre, ein junger, für die heilige Sache der Wissenschaft begeisterter Forscher, der zu den größten

Hoffnungen berechtigte, und dem seine Freunde eine glänzende wissenschaftliche Zukunft voraussagten! Und mit vollem Recht voraussagten! So starb ein Afrikareisender, der, ohne Zögern darf man dies behaupten, sich in so vollendeter Weise für seinen schweren Beruf vorbereitet, wie Wenige von denen, die in jüngster Zeit zur Erforschung des schwarzen Erdtheils hinausgezogen. Die zoologische Wissenschaft verliert in Böhm einen ihrer berufensten Vertreter. Wie selten einer war er zum Naturforscher geschaffen. Alle die hohen Gaben zur Ausübung seines Berufs waren ihm in reichem Maße verliehen worden, und das, was seine Genossen in angestrengter Arbeit erwarben, durfte er als ein Geschenk gütigen Geschickes für sich bezeichnen. Ein scharfer Blick für die Eigenarten des Thierlebens, eine warme Liebe für die umgebende Natur, ein schnelles Erfassen der charakteristischen Wechselbeziehungen zwischen Thier- und Pflanzenwelt waren ihm in hohem Grade gegeben, und eingehende wissenschaftliche Studien der Thiere aller Klassen hatten den ihm von der Natur verliehenen Blick erweitert, geschärft und über die engen Grenzen einer Disciplin hinausgeführt.

Was Böhm als Ornithologe geleistet, ist bekannt und viel gewürdigt. Von den reichen ornithologischen Sammlungen ist leider nur ein Theil nach Europa gelangt und vornehmlich nur Collectionen, die im Osten des Tanganjika gesammelt worden sind. Aus dem Westen des großen Sees besitzen wir nur geringes Material, weil Böhm infolge des Verlustes beim Brande von Waidmannsheil nicht mehr im Stande war, umfassend arbeiten zu können. Mehr denn zwanzig neue, bis dahin unbekannte Arten haben seine Sammlungen der Wissenschaft zugeführt. Von diesen tragen sieben den Namen ihres Entdeckers: Melittophagus Böhmi *Rchw.*, Parisoma Böhmi *Rchw.*, Chaetura Böhmi *Schal.*, Bradyornis Böhmi *Rchw.*, Textor Böhmi *Rchw.*, Pternistes Böhmi *Rchw.* und Lusciola

Böhmi *Rchw.** Zwei der neuen Arten: Crex lugens aus Ugalla und Pyromelana nigrifrons von Karema hat Böhm selbst noch beschrieben. Neben diesen neuen Arten nehmen die Sammlungen Böhm's als ein Ganzes insofern ein besonderes Interesse für sich in Anspruch, als sie in einem Theile Afrikas zusammengebracht worden sind, aus dem bisher nichts bekannt geworden war. So tief im Westen des ostafrikanischen Gebietes, beziehentlich so tief im Osten der westafrikanischen Region hatte zuvor nie ein Forscher gearbeitet. Für unsere Kenntniß der geographischen Verbreitung der Vögel Afrikas sind Böhm's Sammlungen von sehr großem Werth. Nicht nur, daß sie unsere Ansichten über die Verbreitung einzelner Arten vollkommen ändern, sie liefern auch den unanfechtbaren Beweis, daß die dem Westen Afrikas angehörende charakteristische Waldfauna durch ganz Centralafrika hindurchgeht und erst am Tanganjika die Grenze ihrer Verbreitung nach Osten findet. Vor allem aber muß bei der Besprechung von Böhm's ornithologischer Thätigkeit in Afrika die Aufmerksamkeit auf die ganz vorzüglichen Lebensbeobachtungen, welche von ihm gemacht worden sind, gelenkt werden. Sie enthalten eine Fülle großartigen Materials über das Leben einzelner Arten, deren Kenntniß bis dahin für uns gleich Null gewesen ist. Sie bilden werthvollste Ergänzungen zu den Arbeiten eines Heuglin, Hartmann, Brehm und Fischer. Aus jeder, auch der kleinsten Beobachtung ersehen wir die glänzende Befähigung Böhm's, das Charakteristische in dem Erscheinen und Sein der einzelnen Arten zu erfassen und auf dem Hintergrunde afrikanischer Landschaft plastisch und lebensvoll zu schildern. Mit

---

* Vgl.: Ant. Reichenow, „Neue Arten aus Ostafrika", im „Journal für Ornithologie", 1882, S. 209—212, und „Neue Vogelarten aus Innerafrika", Ebend. 1886, S. 115—116; Herman Schalow, „Die ornithologischen Sammlungen Dr. R. Böhm's aus Ostafrika", Ebend. 1883, S. 337—368.

großer Freude entsinne ich mich noch der Octobersitzung im Jahre 1881 in der Allgemeinen Deutschen Ornithologischen Gesellschaft, in der durch Dr. Reichenow die ersten Berichte Böhm's aus Afrika zur Mittheilung gelangten. Sie fanden in unserm geistvollen Alfred Brehm, den nun auch schon der kühle Rasen deckt, einen begeisterten und anerkennenden Lobredner. Alle diese Berichte wurden in Professor Cabanis' „Journal für Ornithologie" sowie im „Ornithologischen Centralblatt" veröffentlicht. Sie geben uns einen beredten Hinweis, was wir von Böhm's reichen Kenntnissen und nicht minder von seiner packenden Darstellung dann zu erwarten gehabt hätten, wenn die Berichte nicht mehr während der kurzen Rast im Zelte nach aufreibendem unruhigen Marsch, sondern im behaglichen Heim bei ruhiger Vertiefung in den Gegenstand geschaffen worden wären. Aber selbst das verhältnißmäßig Wenige, das wir von ihm besitzen, zeigt uns, daß die Ornithologie auf dem Gebiete biologischer Forschung dem Reisenden viel, ja ganz außerordentlich viel zu danken hat.

Auch unsere Kenntniß der Säugethierfauna des von Böhm bereisten Gebietes hat durch ihn nicht unwesentliche Bereicherungen erfahren. Auf Grund der Sammlungen, der hinterlassenen Tagebücher und Aquarelle hat Dr. Noack in Braunschweig eine umfangreiche Arbeit veröffentlicht*, in welcher der Genannte über 118 gesammelte und beobachtete Arten berichten konnte. Auch hier fanden sich zwölf neue Arten, von denen Gerbillus Böhmi *Noack* und Sciurus Böhmi *Rchw.* den Namen des unglücklichen Forschers tragen. —

Fern von seiner märkischen Heimat, die er so sehr geliebt, ruht Böhm in fremder Erde. Kein Zeichen, kein Mal deutet die Stätte, wo der jugendliche Forscher zur ewigen Ruhe

---

* Th. Noack, „Beiträge zur Kenntniß der Säugethierfauna von Ost- und Centralafrika", in Spengel, „Zoologisches Jahrbuch", II, 193—302, Taf. 8—10.

gebettet ist. Nichts erinnert dort im Süden, nahe dem Upämba=
see, daß dort ein Herz zu schlagen aufgehört, das sich für
alles Gute und Schöne begeistert hat, was die Gegenwart
gezeitigt. Ein treuer Sohn, ein aufrichtiger Freund, ein
guter und edler Mensch ruht dort von mühevoller Erden=
wanderung aus.

Der letzte Brief aus Qua=Mpala vom 18. August 1883,
den ich von Böhm erhielt, schloß mit den Worten: „Ich sage
Dir herzlich Adieu! Hoffentlich lasse ich längere Zeit nichts
von mir hören. Unterdessen vergiß nicht ganz Deinen treuen
Freund und Strolchgenossen Richard Böhm."

Nein, Du armer Freund, wir alle, die wir mit Dir ge=
arbeitet und gestrebt, wir werden Dich nie vergessen und werden
Dir stets ein treues, ehrendes Andenken bewahren! Und auch
fernen Geschlechtern wird Dein Name nicht verloren sein.
Mit ehernem Griffel wird ihn die Geschichte als einen der
Besten auf jenen unvergänglichen Tafeln verzeichnen, welche
kommenden Generationen die Kunde geben von hingebendster
Arbeit im Dienste der Wissenschaft, von begeistertem Streben
nach lichter Wahrheit und von mühevollem Ringen nach der
Erweiterung unserer schwachen, menschlichen Erkenntniß!

Verzeichniß

der

von Dr. Richard Böhm veröffentlichten Arbeiten.

1878.

Helgolander Leptomedusen, in: „Jenaische Zeitschrift für Naturwissenschaft", 12. Bd., Neue Folge 5., S. 68—203, Taf. 2—7.
Die Vogelwelt des Spreewaldes, in: „Ornithologisches Centralblatt", 3. Jahrg., Nr. 14, S. 105—107.
Unbekannte Wanderer, Ebend., Nr. 21, S. 165.
Zoologische Streifereien am Nordseestrand, in: „Deutsches Montagsblatt", Nr. 17 vom 29. April, Nr. 18 vom 6. Mai und Nr. 19 vom 13. Mai.

1879.

Ueber die bisherigen Zucht- und Acclimatisationsversuche mit virginischen und californischen Wachteln, in: „Deutsche Acclimatisation", 1. Jahrg., Nr. 3, S. 9—11; Nr. 4, S. 13—16; Nr. 5, S. 17—19.
Ueber die Pycnogoniden des Königlichen Zoologischen Museums zu Berlin, insbesondere über die von S. M. S. Gazelle mitgebrachten Arten, in: „Monatsberichte der Königlichen Akademie der Wissenschaften zu Berlin", 20. Februar 1879, S. 170—195, mit 2 Tafeln.
Ornithologische Skizzen aus Mecklenburg und Nordfriesland, in:

"Ornithologisches Centralblatt", 4. Jahrg., Nr. 1, S. 1—5; Nr. 4, S. 25—29; Nr. 8, S. 58—61; Nr. 10, S. 73—76; Nr. 11, S. 80—84.

Zur Eingewöhnung von Nachtigallen; Ebend., Nr. 13, S. 94—96.

In Pommerns Hauptstadt. Eine Erinnerung an die Jahresversammlung der Allgemeinen Deutschen Ornithologischen Gesellschaft; Ebend., Nr. 14, S. 100—107 (zusammen mit H. Schalow).

Zwei neue, von Herrn Dr. Hilgendorf in Japan gesammelte Pycnogoniden, in: "Sitzungsberichte der Gesellschaft Naturforschender Freunde in Berlin", 15. April 1879, Nr. 4, S. 53—60, mit 1 Abbildg.

Lecythorhynchus armatus, eine neue Pycnogonide von Yedo; Ebend., 18. November 1879, Nr. 9, S. 140—142.

1880.

Ornithologisches Taschenbuch für Deutschland, bestimmt zum praktischen Gebrauch auf Excursionen. (Berlin 1880.) 8. 124 S. (zusammen mit H. Schalow.)

Im Sande der Mark, in: "Zeitschrift des Ornithologischen Vereins in Stettin", 4. Jahrg., Nr. 3, 4, S. 125—129; Nr. 5, 6, S. 136—147; Nr. 7, 8, S. 149—158.

Artikel über Protozoen, in: "Encyklopädie der Naturwissenschaften", 1. Bd. (Breslau, Ed. Trewendt.)

1881.

Ein Brief aus Tabora, in: "Mittheilungen der Afrikanischen Gesellschaft in Deutschland", 2. Bd., Nr. 4, S. 180—183.

Bericht über die Ostafrikanische Station; Ebend., 3. Bd., Nr. 1, S. 2—16 (zusammen mit E. Kaiser und P. Reichard).

1882.

Am Mto ja Ugalla. Briefliches aus Centralafrika, in: "Ornithologisches Centralblatt", 7. Jahrg., Nr. 1, 2, S. 9—12.

Skizzen aus Ostafrika. 1. Zanzibar; Ebend., Nr. 7, 8, S. 49—
53; 2. Bagamojo; Ebend., Nr. 9, 10, S. 65—68.
Ornithologische Notizen aus Ostafrika; Ebend., Nr. 15, 16, S. 113
—120; Nr. 17, 18, S. 129—136; Nr. 19, 20, S. 144—147.
Ornithologische Beobachtungen aus Centralafrika, in: Cabanis,
„Journal für Ornithologie", 30. Jahrg., S. 178—209.
Bericht über eine Reise nach dem Tanganjika, in: „Mittheilungen
der Afrikanischen Gesellschaft in Deutschland", 3. Bd., Nr. 3,
S. 181—208, mit 1 Karte (zusammen mit E. Kaiser).
Die Befahrung des Wala westlich von Gonda bis zu seiner
Mündung; Ebend., S. 209—216, mit 1 Karte, Taf. 10
(zusammen mit P. Reichard).

1883.

Briefliches aus Centralafrika, in: „Mittheilungen des Ornitho=
logischen Vereins in Wien", 7. Jahrg., Nr. 2, S. 28.
Ornithologische Beobachtungen aus Centralafrika, in: Cabanis,
„Journal für Ornithologie", 31. Jahrg., Nr. 2, S. 162—208.
Reise nach Urambo und Besuch beim Häuptling Mirambo, in:
„Mittheilungen der Afrikanischen Gesellschaft in Deutschland",
3. Bd., Nr. 4, S. 275—281.
Ueber eine projectirte Reise nach dem Moërosee; Ebend., S. 282
—283 (zusammen mit E. Kaiser).
Ueber den Brand von Waidmannsheil; Ebend., S. 283—286.
Ergänzungen zu früheren Berichten; Ebend., 4. Bd., Nr. 1, S. 15—
16 (zusammen mit P. Reichard).
Berichte aus Gonda; Ebend., S. 16—18 (zusammen mit
P. Reichard).

1884.

Aus Marungu, in: Madarász, „Zeitschrift für die gesammte
Ornithologie", 1. Jahrg., S. 105—112.
Neue Vogelarten aus Centralafrika, in: Cabanis, „Journal für
Ornithologie", 32. Jahrg., Nr. 1, S. 176—178.
Thaumantias (?) Tanganicae, eine neue craspedote Süßwasser=

meduse aus dem Tanganjika, in: „Sitzungsberichte der Gesell=
schaft Naturforschender Freunde in Berlin", 15. Juli 1884.
Bericht über die Reise von Gonda bis Karema (December 1882 —
Januar 1883), in: „Mittheilungen der Afrikanischen Gesell=
schaft in Deutschland", 4. Bd., Nr. 2, S. 79—91 (zusammen
mit P. Reichard).
Der Kriegszug gegen Katakwa; Ebend., S. 95—99.
Reise von Karema nach Mpala; Ebend., Nr. 3, S. 170—178.

1885.

Ornithologische Notizen aus Centralafrika III, in: Cabanis, „Jour=
nal für Ornithologie", 33. Jahrg., Nr. 1, S. 35—73.

1886.

Der ornithologische Nachlaß Dr. Richard Böhm's. I. Ornitho=
logische Tagebücher; Ebend., 34. Jahrg., Nr. 174, S. 409—
436 (herausgegeben von Herman Schalow).

1887.

Der ornithologische Nachlaß Dr. Richard Böhm's. II. Biologische
Beobachtungen vom Westufer des Tanganjika; Ebend., 35. Jahrg.,
Nr. 178 (herausgegeben von Herman Schalow).

Inhalt.

		Seite
Vorwort		V
Richard Böhm. In Memoriam		VII
Verzeichniß der von Dr. Richard Böhm veröffentlichten Arbeiten		XXXI

1. An seine Mutter. An Bord der „Bokhara" im Rothen Meer, 19. April 1880 1
2. An seine Mutter. Sansibar, 15. Mai 1880 4
3. An seine Mutter. Sansibar, 26. Juni 1880 11
4. An seine Schwester. Kirofa, 20. August 1880 17
   Kiraffa, 22. August 1880 21
5. An seine Mutter. Mwumi, 30. August 1880 24
6. An Herman Schalow. Mwumi, 30. August 1880 25
7. An seine Mutter. Mbaburu, 3. October 1880 26
8. An seine Mutter. Tabora, 18. October 1880 28
9. An seine Schwester. Kakoma, 28. November 1880 32
10. An Herman Schalow. Tabora, 12. December 1880 37
11. An seinen Bruder. Tabora, 30. December 1880 38
12. An seine Mutter. Gonda, 14. Januar 1881 42
13. An Herman Schalow. Kakoma, 1. Februar 1881 44
14. An seine Mutter. Kakoma, 21. Februar 1881 48
15. An seinen Onkel Stadtgerichtsrath Schulze-Rößler. Kakoma, 28. März 1881 53
16. An Frau von Dewitz, geb. Freiin von Maltzahn. Kakoma, 30. März 1881 58
17. An seinen Großvater General von Meyerinck. Kakoma, 22. Juni 1881 63

		Seite
18.	An seine Mutter. Kakoma, 10. August 1881	69
19.	An seine Tante Frau Marie Brunnemann. Kakoma, 19. August 1881	73
20.	An Herman Schalow. Kakoma, 22. August 1881	77
21.	An seine Mutter. Gonda, 24. December 1881	84
22.	An Frau von Dewitz. Gonda, 27. December 1881	91
23.	An seinen Bruder. Gonda, 28. Februar 1882	94
24.	An seine Schwester. Gonda, 20. April 1882	96
	5. Mai 1882	100
25.	An seine Mutter. Auf der Reise von Urambo nach Gonda im Zelt, Muin-Sale, 31. Juli 1882	103
	1. August 1882	107
	Gonda, 8. August 1882	108
26.	An Herman Schalow. Auf der Reise, im Zelt, Muin-Sale, 31. Juli 1882	110
27.	An seine Mutter. Gonda, 21. August 1882	111
	25. August 1882	114
28.	An seinen Bruder. Gonda, 4. October 1882	117
29.	An seine Tante Frau Marie Brunnemann. Gonda, 6. November 1882	127
30.	An seine Schwester. Gonda, 16. December 1882	130
31.	An seinen Bruder. Karema, 27. April 1883	132
32.	An seine Mutter. Karema, 28. April 1883	145
	15. Mai 1883	147
33.	An seine Schwester. Karema, 29. April 1883	150
34.	An Herman Schalow. Qua-Mpala, 17. August 1883	153
35.	An seine Schwester. Qua-Mpala, 24. Juli 1883	161
	27. Juli 1883	168

1. An seine Mutter.

An Bord der „Bokhara" im Rothen Meer,
19. April 1880.

Da ich nicht ganz sicher bin, ob der dicke Türke, dem wir in Alexandrien unsere Briefschaften zur Besorgung übergaben, dieselben richtig der Post überliefert oder trotz seiner pantomimischen Betheuerungen das Geld für die Marken eingesteckt und unsere Correspondenz den Haifischen überlassen hat, so will ich lieber wieder von Aden aus Nachricht schicken, damit Ihr zu Hause nicht etwa glaubt, wir wären schon auf der Hinreise spurlos verschwunden.

Schon am Nachmittag, bevor wir Alexandrien erreichten, kamen die ersten afrikanischen Urbewohner, nämlich vier dunkelgraue Reiher, vorbei; in aller Morgenfrühe verriethen mir die Glockenzeichen für die Maschine, daß der Lootse seine Operationen zum Anlaufen des Hafens begann, und bei zunehmender Helle aus dem Kajütenfenster sehend, erlebte ich den feierlichen Moment, in dem zum ersten mal die afrikanische Küste vor den Blicken liegt. Vorläufig übrigens nicht besonders überwältigend, flach, steinig, von dem berühmten Pharus Alexandriens gekrönt. Der Hafen lag voller Schiffe, im weiten Halbkreis zogen sich die weißgetünchten Häuser mit ihren flachen Dächern hin, dazwischen Palmen, Tamarisken und Sykomoren, die sich besonders um den langgestreckten Palast des Vicekönigs zu einem schönen Garten vereinigten. Araber, Fellachen, Neger, Sudanesen u. s. w. in den malerischsten

Coſtümen und mit den charakteriſtiſchſten Phyſiognomien rings=
umher in Booten und Nachen, auf, an und im Schiff, an
deſſen Deck Fremdenführer und Dragomane ihre Dienſte an=
boten, die Commiſſionäre der verſchiedenen Hotels, natürlich
auch ſämmtlich Afrikaner, mit wüthendem Geſchrei und
wahnſinnigen Geſticulationen ſich um die hier bleibenden
Fremden riſſen, und ein ſehr geſchickter Gaukler ſeine
improviſirte Bühne aufſchlug. Endlich kam der kleine
Steamer, der uns nach dem ſehr primitiven Bahnhof über=
führte. Bald darauf dampften wir in das flache, geſegnete
Nildelta hinaus.

Es iſt ganz eigenthümlich, wie ſehr die ſorgfältig an=
gebauten Feldſtrecken, zwiſchen denen kaum der kleinſte Strei=
fen ungenutzten Landes ſich hinzieht, unſerer norddeutſchen
Ebene gleichen, und dieſe Aehnlichkeit wurde durch die trübe
Beleuchtung, der jede orientaliſche Sonnenglut fehlte, nur
noch verſtärkt. Aber es brauchte nur einer der kleinen aber
üppigen Haine von Dattelpalmen oder dies und jenes Bild
aus dem Volksleben vorüberzugleiten, damit man ſich mit
einem Schlage mitten in den Orient hineinverſetzt ſah. Da
waren Fellahdörfer, roh zuſammengeklebt aus dem ſchweren
Lehm des Landes, die unglaublichſten Behauſungen, die man
ſich denken kann, an deren Teichen die ſchneeweißen Silber=
reiher in Scharen zuſammenſtanden, Städte und Landungs=
plätze an den verſchiedenen Nilarmen, welche die Bahn über=
brückt, dicht angefüllt mit einem bunten, höchſt maleriſchen
Marktgewimmel, lange Reihen ſchwerbeladener Laſtkamele,
Schöpfräder, Büffelheerden, Reiter auf edeln Pferden oder
winzigen Eſeln, die erſtern zuweilen gefolgt von Kamelen
mit dem rings geſchloſſenen Frauenpalankin und einer bunten
Dienerſchar, Fellachenfrauen in flatternden, dunkelblauen Ge=
wändern, die großen Thonkrüge geſchickt auf dem unver=
ſchleierten Kopfe balancirend, kohlſchwarze Neger, dunkel=
bronzefarbene Fellachen, gelbe Araber — alles neu und doch

so wohlbekannt: denn es waren nur die lebendig gewordenen Gestalten aus den Gentz'schen Bildern oder Ebers' „Aegypten". Die ganze Musterkarte von Volkstrachten und Volkstypen aus diesen Bildern zog wie in einem Kaleidoskop wechselnd an den Waggonfenstern vorüber, da dort das ganze Leben, wie natürlich bei den elenden Behausungen, draußen und auf der Straße sich abzuwickeln scheint. Dann kam die Wüste, mit einem Strich alles Leben abschneidend. Es war schon später Abend geworden, endlos dehnte sie sich in dem ungewissen Licht der noch schmalen, zunehmenden Mondessichel aus, nur die Telegraphenstangen warfen ihre Schatten auf den höhen= los baliegenden Sand. Um Mitternacht erreichten wir Suez, wo es in „ägyptischer Finsterniß" eine höchst un= erquickliche Uebersiedelung auf den an der Rhede liegenden Dampfer und endloses Gezänk mit den unverschämten Fellah= lastträgern gab.

Die grelle Sonne des andern Tags beleuchtete wieder ein höchst malerisches Bild: Gewimmel der um das zur Abfahrt rüstende Schiff versammelten Araber, bunt aufgezäumte Esel, welche den schnell erkannten Deutschen von den lustigen Treiberjungen als: „Bismarck, sehr gutter Esel, Berlin!" an= geboten wurden, handelnde Verkäufer, die ihren bunten Kram am Quai ausgebreitet hatten, halbwilde, fuchsige Köter, Schiffe und Boote aller Größen und Sorten. Dazu das tief= blaue Meer, im Hintergrund der weißleuchtende Häuserhaufen von Suez, grellgelber Wüstensand als Strand und schließlich die roth und violett schimmernden nackten Bergzüge der Küsten Afrikas und des Steinigen Arabien. Nun fahren wir schon einige Tage in das Rothe Meer hinaus, das sich übrigens bisjetzt sehr langweilig gezeigt und mir außer einigen Land= vögeln und einigen Scharen fliegender Fische, von denen einer auf Deck sprang und so gefangen wurde, absolut nichts In= teressantes gewiesen hat. Ich hoffe, daß es zwischen den un= zähligen Korallenriffen des südlichen Theils besser werden

1*

wird. Es ist hier jetzt so heiß wie bei uns etwa im Juli.
Wir fangen schon an, uns abzuschälen; Gott sei Dank, daß
man der Kälte und dem ewigen Regen entronnen ist!

---

2. An seine Mutter.

Sansibar, 15. Mai 1880.

.... Wenn wir auch noch fast vierzehn Tage Zeit bis zum
Eintreffen der nächsten Mail haben, so will ich doch schon
jetzt anfangen, Dir Nachricht von unserm Ergehen zu geben.
Viel zu thun haben wir noch nicht, da wir erst mit nächster
Post — hoffentlich! — unser Gepäck bekommen, und dann mit
dem Herrichten der einzelnen „msigos" oder Trägerlasten beginnen können, was noch heiße Arbeit machen wird. Das
Anwerben der Leute, der Einkauf der Handelswaare, die Be-
rechnungen in Betreff des Unterhalts unserer Träger, Soldaten, auch eigener Person, des zu zahlenden Tributs, der
leider wegen der exorbitanten Forderungen der kriegerischen
Wagogo, durch deren Gebiet wir ziehen müssen, sehr hoch
ausfallen wird, und all die tausendfach andern Dinge, die
mit der Inscenirung einer Expedition zusammenhängen, werden schneller abgemacht werden als wir erwarten konnten, da
wir die ganze Sache einem Indier aus Bagamojo — dem
Sansibar gegenüberliegenden Küstenorte — in Entreprise geben
können.

Nicht genug zu rühmen ist die wirklich großartige Gastfreundschaft und Liebenswürdigkeit, mit der wir von den hier
lebenden Deutschen, namentlich den Vertretern der beiden
großen Handelshäuser O'swald und Hansing, aufgenommen
worden sind. Abends ist immer hier oder dort bei den
Deutschen ein offenes Haus, sodaß man, wenn man Lust hat,

stets untergebracht ist. Natürlich trifft man nur Herrengesellschaft; von Damen existiren hier nur ein paar Engländerinnen. Gesellschaftsanzug, auch bei Diners, ist hier ganz weiß mit kurzer Kellnerjacke; ganz fein: weiß mit schwarzen Beinkleidern; dabei kommt man stets mit dem allgemein getragenen Sonnenhelm und ohne Handschuhe, also ein Costüm, das dem hiesigen tropischen Klima ganz angepaßt ist.

Die Visitentournée bei den verschiedenen Consuln, den Patres der hiesigen Missionen — die französischen Jesuiten werden uns jedenfalls in Bagamojo sehr freundlich aufnehmen — auch bei sonstigen hervorragenden Persönlichkeiten war natürlich mit der officiellen Langeweile verbunden. Sehr amüsant dagegen war unsere Audienz beim Sultan Said Bargasch. Die Würde dieses orientalischen Herrschers verlangt es, daß man in full dress bei ihm erscheint, komischerweise sind aber selbst hier Handschuhe unbekannt und nicht gebräuchlich. Der Palast des Sultans, ein mehrstöckiges, leicht aufgeführtes Gebäude, mit großer Veranda und bunten Glasfenstern, liegt am Hafenplatze, in seiner Nähe die meisten hervorragenden Gebäulichkeiten, die Consulate u. s. w. Unmittelbar dabei der Marstall, der Leuchtthurm, auch vor allem der Harem, in welchem 150 gelbe, schwarze und weiße Schönheiten stecken sollen. Neben dem Palast liegt das Wachtlocal für die irregulären arabischen Truppen des Sultans, die meist in malerischen Gruppen, besteckt mit Handschar, Yatagans, Dolchen, Pistolen u. s. w., mit untergeschlagenen Beinen und Nargilehs rauchend unter ihrer offenen Halle sitzen, während die langen arabischen Luntengewehre an den Wänden hängen. Sie allein sind auch schon in den Kriegen mit Rebellen der Küste, vor allem mit dem wilden, allgemein gefürchteten Mirambo, im Feuer erprobt. Letztern hat Said Bargasch nicht zu unterdrücken vermocht, jetzt ist indeß eine Art bewaffneter Waffenstillstand geschlossen; die Leute Mirambo's kommen nicht selten nach Sansibar herüber, um Waffen und Munition einzutauschen oder Elfenbein zu verhandeln.

In Begleitung des sehr liebenswürdigen Vertreters des augenblicklich abwesenden deutschen Consuls, des hiesigen Chefs vom Hause O'swald, der uns vorzustellen hatte, auch des alten dunkelbraunhäutigen Hofdragomans in vollem Costüm, wandelten wir feierlich dem Palast zu, an dessen Freitreppe eine Anzahl von Würdenträgern aufgestellt war, um uns zu empfangen und unsere Ankunft anzumelden. Orientalischer Sitte gemäß kam uns der Sultan die Treppe herab entgegen. Said Bargasch ist ein großer stattlicher Mann in mittlern Jahren, mit schwarzem Bart, etwas breiten Gesichtszügen und sehr würdiger anstandsvoller Haltung. Er trug einen Turban, langes weißes Unter- und ditto schwarzes Obergewand, beide mit Goldstickerei verziert. Am kleinen Finger der linken Hand steckte ein Ring mit großen Brillanten. Bei der Vorstellung reichte er jedem von uns die Hand, worauf er uns nöthigte, die sehr enge, mit Teppichen belegte Treppe vorauf zu gehen, wie uns schon vorher bekannt war, was man mit möglichst höflichen Halbrechts oder Halblinks auszuführen sucht. Die Wache trat unter Gewehr, arabische Großmuftis und sonstige Würdenträger standen in Reihen aufgepflanzt. Oben setzte man sich in einem kleinen Zimmer nieder, das mit allerhand europäischem Zeug äußerst geschmacklos aufgeputzt war. An der Decke hing ein Kronleuchter neben dem andern, an den Wänden bunte Lithographien u. s. w. Während der Sultan mit dem Consul eine Unterhaltung in Suaheli begann, in welcher er nach allem Nähern fragte, alles Mögliche, Firman u. s. w. zu geben versprach, ganz augenscheinlich aber nicht einmal wußte, wo überhaupt der Tanganjikasee liegt, wurde sehr guter Kaffee in kleinen Schälchen mit Filigranuntersätzen und Sorbet in großen geschliffenen Pokalen credenzt. Letztern fand ich sehr angenehm in Eis gekühlt — der Sultan besitzt nämlich eine Eismaschine, mit der er die ganze Stadt, namentlich die europäischen Haushaltungen versorgt — und anscheinend aus Rosenwasser, Zucker und einigen andern Zuthaten bestehend. Nach der Audienz begleitete uns der Sultan wieder hinab, wobei wir abermals vorangehen mußten, auch ging er noch einige Schritte über den Platz, worauf er sich mit einem sehr würdevollen orientalischen Gruß verabschiedete.

Die Stadt Sansibar liegt mit ihren flachgedeckten weißleuchtenden Häusern auf einer, von einer ins Land einschneidenden Lagune gebildeten Halbinsel. Die Straßen sind eng und krumm, da wo die Lehmhütten der Negervorstädte sich aneinanderreihen so eng, daß zwei Leute nur zur Noth aneinander vorüber können. In vielen Straßen werden alle Erdgeschosse von Läden eingenommen, d. h. nischenartigen Buden voll allerhand Kram und Eßwaaren, zwischen denen die Inhaber, alles Indier, hocken, die gelben Frauen in bunte Seide gekleidet, mit großen Spangen und Ringen an Ohren, Zehen, Nase u. s. w. Araber, Perser, Neger, Comorianer, Krieger, Handelsleute, Esel, Pferde, Kamele, die in den Oelmühlen arbeiten, Sklaven, die zu zwei unter eigenthümlichem Wechselgesang schwere Lasten schleppen, alles drängt sich durcheinander: dazwischen sieht man auch wol gefangene Verbrecher unter militärischer Aufsicht, die, mit schweren Ketten an den Hälsen aneinandergefesselt, allerhand öffentliche Arbeiten verrichten müssen. Am amüsantesten ist die Negerbevölkerung, von der die Männer, wenigstens die Freien, meist lange weiße Hemden und hellrothe Mützchen, die Frauen grellbunte Anzüge tragen, die aus einem um die Brust geschlungenen und bis auf die Knöchel herabhängenden Stück Zeug bestehen. Dazu kommt oft ein Mantel, eigenthümliche Kopftücher, aus blauem durchsichtigen, in zwei Zipfel auslaufenden Schleier und gelber Kinnbinde bestehend, sowie kolossale Silberringe um die Knöchel, riesige Ohrringe, Plätt=

chen oder sonst etwas in der Nase u. s. w. Die wolligen Haare werden auf künstliche Art streifenweise zusammengeflochten, die Augenränder mit Ruß und Antimon blauschwarz, die kahlrasirte Stirn mit Curcuma gelb gefärbt.

Viele der jungen Mädchen haben recht hübsche Gestalten, besonders sehr wohlgeformte Beine und eine freie, leichte Haltung, welche besonders auffällt, wenn sie mit vollendeter Geschicklichkeit zwei oder noch mehr rothe Thongefäße mit Wasser, oder große, aus frischgrünen Kokosblättern geflochtene Körbe voll Orangen, Bananen, Mangopflaumen u. dgl. auf dem Kopfe balanciren. So bilden sie die charakteristischste und interessanteste Staffage der „Schambas", deren Erzeugnisse sie zur Stadt bringen, um sie dort für ihre Herren zu verkaufen. Zufuhr und Verkauf der Sklaven ist jetzt verboten; nur diejenigen, welche bei Erlaß dieses Verbots Sklaven waren, sind solche geblieben, wie auch ihre Nachkommen Sklaven bleiben. Diese Maßregel, durch die Engländer durchgesetzt, ist indeß für den Reichthum der Landesproducte sehr ungünstig, indem es an Arbeitskräften für die Pflanzungen fehlt, da die Negerinnen im ganzen wenig Kinder bekommen. Mütter von elf Jahren sind hier ganz etwas Gewöhnliches, seltener haben schon neunjährige Mädchen ihr Baby.

Rings um die Stadt, wo sie nicht vom Meer umspült wird, liegen die Schambas, die den weitaus größten Theil der Insel einnehmen. Am besten lassen sie sich mit einer weitläufigen Parklandschaft vergleichen, zwischen deren Baumgruppen Feldstrecken angelegt sind. In echt tropischer Ueppigkeit stehen die lichtgrünen Bananen mit Riesenbüscheln gelber Früchte, hohe schöngefiederte Kokospalmen, riesige schwarzgrüne Mangobäume, Nelkensträucher, Orangen, Mandarinen, Limonen u. s. w. durcheinander. Dazwischen die Baumschulen gleichenden Mhogo-, Reis-, Mais-, Zuckerrohr- und Batatenfelder, Ananasanpflanzungen, Wiesen mit mächtigem Graswuchs, mit gelben Hibiscus und rothen Winden, prächtige

Pandanus, Sümpfe und Teiche voll Schilf und Binsen oder bedeckt mit wunderbaren weißen und blauen Nymphäen. Mitten in all dem Grün versteckt liegen die weißen Landhäuser reicher Araber und Indier und die niedrigen Hütten der Feldarbeiter, wo sich der ermüdete und in der sengenden Sonnenglut schweißtriefende Jäger unter dem Schatten eines Mangobaumes ausstreckt, um für wenige Pfennige unsers Geldes Apfelsinen in dicker grüner Schale, deren herrlicher Duft und Wohlgeschmack sich mit denen, die wir zu Hause essen, gar nicht vergleichen läßt, oder frische Kokosnüsse zu erhalten, deren milchig süßer Inhalt bei großem Durste ausgezeichnet schmeckt. Belebt wird die Schamba von bunten Vögeln, darunter die Feuerfinken, die wie leuchtende Flämmchen auf der Spitze der Gräser und Reispflanzen erscheinen, metallisch roth und grün schillernde Honigsauger (Nectarinien), Goldkukuke, Tauben u. s. w, in den Sümpfen blaugrüne Sultanshühner, Enten, Reiher und Blatthühner, mit riesigen Zehen, über die Nymphäenblätter laufend. Die Jagd ist aber sehr beschwerlich; zumal die Sumpfvögel sind sehr schwer zu erlangen, einmal, weil man nicht herankommen kann und dann, weil man die glücklich geschossenen sehr oft in dem mächtigen Pflanzenwuchse verliert. Wissenschaftlichen Werth haben übrigens nur sehr wenige Vertreter dieser Ornis, da hier schon zu viel gesammelt ist. Wir wollen aber bald auf mehrere Tage nach der Nordspitze, wo noch Wälder vorkommen, in denen es kleine Antilopen, Wildschweine und seltenere Vögel gibt, um dort etwas zu schießen. Leider ist nur das Uebernachten in der Schamba in der Regel mit einem Fieberanfall verbunden, sonst könnte man besser die Insel kennen lernen.

Gestern machten die Deutschen und Franzosen, welche hier sehr gut miteinander stehen, zu Pferde und zu Esel eine Tagestour nach der Pflanzung eines Arabers. Gastgeber war der Vertreter des Hauses Hansing. Dr. Fischer, der sehr liebenswürdig gegen uns ist, ritt mit mir schon ganz früh von hier aus, um in weitem Bogen durch die Schamba zum Bestimmungsorte zu kommen. Einige Schwierigkeiten machte uns das Passiren zweier kleinen Flüsse, da unsere Esel nicht hineinwollten und mit Hülfe einiger Neger hineingeworfen werden mußten, wobei einmal der meinige in der starken Strömung auf den Rücken zu liegen kam und jämmerlich mit den Beinen strampelte, was nicht zur erhöhten Annehmlichkeit meines arabischen Sattels beitrug. Der Nachhauseritt von zwanzig Mann ging in animirtester Stimmung bei wunderbollem Mondschein vor sich. Die qualmenden Dünste über den Sümpfen, Wiesen und Reisfeldern, in welchen das Gezirp und Geschrei der Grillen und Frösche wie ein Unisono von Knarren, Klingeln, Geigen und Pfeifen ertönte und die Leuchtkäfer gleich einem Feuerregen umherfuhren, machten das Fieberhafte der Nachtluft draußen sehr einleuchtend. Morgen wollen wir einen nicht weit von hier gelegenen Korallenberg besuchen, auf welchem Affen vorkommen, die aber sehr schwer zu bekommen sein sollen. Ueberhaupt sieht man von den vierfüßigen Bewohnern der Insel, wie Mangusten, Nachtaffen, Servals, Zibethkatzen und Wildschweinen gar nichts, sie leben alle äußerst versteckt, werden indeß von den Negern nicht selten zum Verkauf angeboten. Das Gleiche gilt von den Riesenschlangen (Python), die in einigen Sümpfen, gar nicht weit von der Stadt, leben, aber fast nie bemerkt werden.

Seit gestern hausen wir mit unsern schwarzen Dienern, die mit ins Innere gehen, in unserer neuen Wohnung. Die Verständigung mit diesen Söhnen der Wildniß, von denen nur einer ganz gut englisch spricht, während die andern Stocksuaheli sind, geht noch etwas schwierig von statten.

3. An seine Mutter.

Sansibar, 26. Juni 1880.

.... Wenn dieser Brief ganz ausnehmend langweilig ausfällt, so bitte ich diesen Umstand damit zu entschuldigen, daß ich soeben acht Tage tüchtiges afrikanisches Küstenfieber durchgemacht habe, und mich heute wieder zum ersten mal einigermaßen schreibfähig fühle. Ja, ich bin es eigentlich heute noch nicht, morgens schwankte ich noch wie einer, der zu gut gefrühstückt hat, und es gehört einige Zeit dazu, um seine paar Gedanken zu sammeln, nachdem man besonders in den ersten Tagen ununterbrochen das Gefühl gehabt hat, als würde der Kopf mit einer eisernen Schraubenpresse zusammengequetscht und die Augen zum Kopf hinausgedrückt. Dies ist besonders in den endlosen zwölfstündigen Tropennächten (bei einer Körpertemperatur von über 40° C.), in denen man so Minute für Minute zählt, gerade keine Annehmlichkeit!

Denke übrigens, bitte, nicht, daß die Geschichte irgendwie gefährlich war. Früher oder später mußte sie doch zum ersten mal kommen, und hier erfreute ich mich der kräftigsten Hülfe durch den liebenswürdigen Dr. Fischer. . . .

Sansibar mit seinen ununterbrochenen Schambas und kleinen Vögeln will mir gar nicht mehr gefallen, seitdem ich den Kingani, diesen echten Urwaldstrom, gesehen und hier zum ersten mal mit den Riesen der afrikanischen Thierwelt, den Flußpferden, zusammengestoßen bin, die man zuweilen in Trupps von 7—9 Stück zusammen findet. Mehrere haben wir erlegt, leider aber nur eins, ein junges Männchen, gefunden, dessen Kopf ich nach Berlin schicke; das Kugelloch, das wahrscheinlich von einer meiner Sprengkugeln, Kaliber 12, geschlagen ist, sitzt hinter dem Auge auf der linken Seite.

Der Indier, mit dem wir wegen Stellung von Trägern, Soldaten u. s. w. Contract machen werden, hatte uns eingeladen, zu ihm nach Bagamojo zu kommen, und so fuhren denn eines Tags Schoeler und ich, jeder mit drei Gewehren versehen, in seiner Dau ab, auf deren Mast wir die deutsche Flagge aufgehißt hatten, die wol zum ersten mal in Bagamojo wehte. Mit uns zugleich fuhr der Indier Sevua selbst, sowie der Père supérieur und zwei Brüder der Mission der Congrégation du St. Esprit et du Sacré Cœur de Marie, einer mit den Jesuiten verwandten, aus dem Elsaß ausgewiesenen Brüderschaft, die hauptsächlich in Bagamojo und hier ihre Missionen sowie ein Hospital hat. Denke übrigens nicht, daß diese Männer, die persönlich sehr liebenswürdige Leute sind, so „Heiden bekehren", wie man sich das meist bei uns vorstellt. Nicht ein erwachsener Suaheli würde Christ werden! Die Sache verhält sich so, daß ihnen, genau wie in der englischen Mission, die hier und auf Mombas ihren Sitz hat, vom englischen Generalconsul die auf den Sklavendaus aufgegriffenen Kinder übergeben werden. Diese taufen sie, lehren sie beten, singen und tüchtig arbeiten. Aeltere Persönlichkeiten werden untereinander verheirathet und bei der Mission angesiedelt, bleiben aber immer unter strenger Aufsicht, müssen stetig für die Mission arbeiten und werden, falls sie fortlaufen, wenn sie der Sache überdrüßig sind und lieber wie ihre Landsleute faulenzen wollen, mit Gewalt wieder zurückgebracht.

Aber zurück von den Missionen auf unsere Dau. Bei gutem Wetter macht man die Fahrt in circa vier Stunden; bei heller Luft ist die Küste mit ihren Bergen von Sansibar aus sehr gut sichtbar. Aber wir hatten Südwest-Monsun, und das Kreuzen war bei der vorweltlichen Takelage der biedern Fahrzeuge ein ungefüges Manöver. So kam es, daß, obgleich wir um Mittag abgesegelt waren, der Abend hereinbrach, bis wir friedlich Anker werfen konnten. Es war eine scheußliche Nacht. Das Schiff schwankte in unerhörter und unerlaubter Weise hin und her, sodaß man auf dem Verdeck, auf dem die beiden Missionare und ich ein kümmerliches Lager bereitet hatten, im vollsten Sinne des Wortes hin- und herrollte. Das war besonders für Bruder Oskar sehr übel. Der Arme hatte sich auf der Jagd, durch unvorsichtiges Umgehen mit einer Lefaucheux-Stahlpatrone, welche dabei explodirte, die ganze Stahlhülse in den rechten Arm gejagt. Der englische Arzt hatte ihm den Arm abnehmen wollen, aber Dr. Fischer hat ihn, nachdem er 14 Knochensplitter entfernt, so curirt, daß er bald wieder in den Vollgebrauch des Armes kommen wird. Natürlich machte ihm dieser aber bei dem Geschaukel große Schmerzen. Unten in der einzigen kleinen Kajüte stöhnte der Prior in dem Höhenstadium der Seekrankheit! Aber auch diese Nacht ging vorüber; der Nahosa rief seine Leute wach und die riesige Raa wurde unter munterm Gesang aufgehißt. Bagamojo lag bald mit seinen weißen Häusern zwischen Palmen und Büschen vor uns; da es aber tiefe Ebbe war, mußte man erst ins Boot und dann in das flache Wasser, für welch letztern noch langen Weg Leute zum Tragen bereit standen. Am Strande hatte sich unterdeß ein wildes Leben entwickelt. Scharenweis strömten schwarze Gestalten herbei, unter diesen die Soldaten des Indiers, und alle begrüßten uns mit Gebrüll, Getrommel und dem ununterbrochenen Abfeuern von Gewehren.

Im Hause des Indiers waren wir sehr gut aufgehoben und erhielten als Großwürdenträger eine Staatswache von vier Ascari (Soldaten) vor unsere Thür. Später kam auch der Gouverneur des Ortes mit Begleitung, um seine Visite abzustatten, traf uns aber nicht zu Hause. Wir besuchten die Missionsstation, deren Hauptgebäude mitten in prachtvollen Hainen und Gärten voller Kokospalmen und anderer hiesigen Fruchtbäume, aber auch europäischen Obstes liegt, und machten dann mit Bruder Oskar einen Abendspaziergang in den Busch, der sich dicht daran schließt und sich meilenweit erstreckt. Er wird nicht nur von einer Masse von Vögeln, Antilopen und Wildschweinen bevölkert, sondern auch von Wildkatzen, Hyänen und Panthern. Eben jetzt macht wieder einer der letztern die Mission unsicher, in deren unmittelbarer Nähe schon mehrere gefangen und geschossen worden sind. Vor mehrern Jahren kam auch ein Löwe nach Bagamojo und wurde endlich in einem Schweinestall, nachdem er 22 Schweine zerrissen, durch eine einfache Vorrichtung gefangen. Ein Panther kam uns nun leider nicht zu Gesicht, aber des Abends eine Art Manguste und eine große Wildkatze, wahrscheinlich ein Serval, der jedoch in dem Gebüsch verschwand, ehe Schoeler, der der erste war, sein Gewehr fertig machen konnte. Da es am folgenden Mittag regnete, so brachen wir erst am späten Nachmittag nach der drei Marschstunden entfernten Stelle am Kingani auf, wohin uns Zelte, Koch, Vorräthe u. s. w. schon vorausgeschickt waren. Zuerst ging es durch Pflanzungen, dann durch Steppenland mit mannshohem Gras, Gebüsch und Candelabereuphorbien, wo mir besonders die kleinen Wittwenvögel (Vidua sp.) mit ihren mehr als fußlangen Federschleppen auffielen. Mehrmals ging es durch Sümpfe, von denen der eine besonders deshalb unliebsam war, weil sein schwarzes, übelriechendes Wasser fast bis zum Leib reichte und man die letzten anderthalben Stunden mit nassen Beinen stapeln mußte, was aber der Heiterkeit keinen Eintrag that. Endlich kamen wir, von einem bewaldeten Bergabhang heruntersteigend, in eine mächtige Ebene, durchzogen von einzelnen Buschstreifen und in der Ferne von höherer Waldung begrenzt, wo der Kingani, natürlich gänzlich unsichtbar, floß. Das war echte, ostafrikanische Landschaft, die großartig still und einsam unter der durch Wolken hervorbrechenden Abendsonne balag.

Schließlich gelangten wir durch einen wilden Waldstreifen zu einigen Fischerhütten, in deren Nähe unser Zelt aufgeschlagen war. Es wurde eben dunkel; das Küchenfeuer loderte verheißend, ringsherum schrillten Cicaden und Heimchen, die Leuchtkäfer begannen zu schwirren und oben zogen Silber= reiher, Storcharten, Enten und Gänse dem nahen Kingani zu, von dem her in der Nacht das Brüllen und Schnauben der Kibokos (Flußpferde) zu uns herübertönte.

Am andern Morgen standen wir mit einigen Führern und unsern beiden Jungen, welche die Reservebüchsen nebst Mu= nition trugen, am Kingani.

Zwischen dichter undurchbringlicher Urwaldung, die nur streckenweise durch Grasprairien unterbrochen ist, wälzt der majestätische Strom seine trübbraunen Fluten in gewundenem Laufe dem Meere zu. Die Pracht dieses dunkeln Urwaldes kann ich Dir hier in der Kürze nicht beschreiben, aber sie ist, wenn sie so an einer der Flußkrümmungen hinauf und hinab weithin sichtbar ist, von überwältigender Großartigkeit. Da sind Palmen, da sind hohe Dulebs, mächtige Bassien und andere Tropenbäume, aber man sieht oft nichts, gar nichts von ihnen. Nichts als Lianen und Lianen. Vollständig haben diese alles umzogen und ersticken die Bäume unter ihrer Ueber= last. Sie hängen von den Zweigen in den Strom, sie klettern über die Stämme, sie wehen von den Wipfeln und geben ihnen die groteskesten Formen. Trockene Stämme ragen aus dem Fluß, am Rande steht Schilf, Binsen und weiße, große Amaryllideen, davor aber wird zur Ebbezeit ein Vorstrand von ganz unergründlichem, fetten nassen Schlamm frei, in den aus dem Waldinnern kleine Wasserfäden rieseln, tief ver= steckte Buchten bildend, von denen aus man hineinsehen kann wie die Stämme und Zweige sich über dem schlammigen sumpfigen Grund, auf den nur hier und da ein Sonnenstrahl fällt, ausbreiten. Da und dort liegt ein Krokodil, misfarbig wie der Schlamm, am Ufer und gleitet sofort bei Annäherung des Bootes ins Wasser. Ibisse, Nimmersatts, wollhalsige Störche, Enten, Sporengänse stehen truppweise auf den Sand= bänken, prachtvolle Silberreiher im Waldschatten, der schwarze

Klaffschnabel hoch oben auf dem Wipfel, Nachtreiher und
Schattenvögel gleiten eulengleich durchs Gezweig, Eisvögel
flattern übers Wasser, Tauben girren im Gebüsch, große
Nashornvögel hüpfen schwerfällig umher und hoch in der Luft
ruft der prachtvolle weißköpfige Flußschreiadler. Wir ließen
aber diesen ganzen Vogelreichthum unbelästigt; unser Jagd=
eifer concentrirte sich auf die Kibokos, deren Riesenköpfe im
Strom erschienen, bald langsam und still auftauchend, bald
mit einem heftigen Ruck auffahrend und das Wasser mit
lautem Schnauben strahlartig in die Höhe spritzend. Zuerst
eröffneten wir vom Ufer aus unser Feuer, später griffen wir
sie auf den kleinen schwankenden Kähnen der Eingeborenen
an, obgleich uns gesagt worden war, daß die Kibokos die
Kähne nicht selten attaquiren, wozu übrigens keiner Miene
machte. Der Schuß ist nicht leicht, der Zielpunkt verhältniß=
mäßig klein, Sonne und Wasser äußerst blendend. Dazu
schwanken die Boote, oder man ermüdet, wenn man aus=
gestiegen ist und nun das Gewehr im Anschlag halten
muß, um gleich schießen zu können, ehe der eben auf=
getauchte kolossale Kopf wieder untertaucht, was sehr schnell
geschieht, wenn die Thiere erst scheu geworden sind. Einige=
mal sah ich auch mehrere Kibokos am Rande einer Sandbank
liegen, von wo sie dann beim Nahen des Bootes mit un=
geheuerm Gebrause ins Wasser stürzten. Ich bin dann immer
schnell, falls es des Schlammes wegen möglich war, ans Land
gesprungen und auf der Bank bis ins Wasser selbst vor=
gelaufen, um von dort aus auf die wieder auftauchenden
Köpfe zu schießen und habe so meine besten Schüsse abgegeben.
Und doch nur das eine! Am letzten Tage stießen wir ganz
zufällig auf dies verendete Kiboko, das an uns vorbeischwamm,
als wir am Ufer auf unsere Boote warteten. Es wurde mit
Hurrah begrüßt, auf eine Sandbank bugsirt und ihm dort
der Kopf abgetrennt sowie die Rückenhaut in Streifen ge=
schnitten, während ich auf die Krokodile paßte, welche an=

rückten, als sich die Flut mit Blut zu färben begann. Einen Tag blieben wir noch in Bagamojo. Abends aßen wir bei den liebenswürdigen Missionaren auf einer prächtigen luftigen Veranda. Das Arrangement der Fruchtschüssel hätte Dein Entzücken erregt.

.... Wir erwarten mit Sehnsucht die nächste Post, die uns Euere Briefe und die nöthige Vollmacht der Deutschen Afrikanischen Gesellschaft bringt, um dann abreisen zu können, wozu es die höchste Zeit ist. Die französische Station in Usagara, die wir ursprünglich einnehmen wollten, ist unterdeß leider schon besetzt und gestern sind wieder vier Belgier angekommen, die über den Tanganjika bis an den Kongo gehen sollen, um dort die am weitesten nach Westen vorgeschobene Station zu gründen.

---

4. An seine Schwester.

Kirosa, 20. August 1880.

.... Ich schreibe Dir hier in einem wohlverpalissadirten Dörfchen, das hoch auf einem bewaldeten Berge an dem Thale des majestätisch aus den Usagara-Bergen strömenden Mukondokwa liegt. Unweit unsers Cambi vereinigt sich ein zweiter, aus einem Zweigthale fließender Strom mit diesem, und vom benachbarten Waldeshügel eröffnet sich eine prachtvolle Aussicht auf beide hinab. Im allgemeinen sind die afrikanischen Landschaften, soweit ich sie bisher kennen gelernt, keineswegs so fremdartig wie man sie sich vorstellt, und wir werden oft genug durch auffallende Aehnlichkeit mit herbstlichen Eichenwäldern, Buchenschlägen u. s. w. überrascht. Denn herbstlich, spätherbstlich, mit gelbem, abfallendem Laub und dürren Aesten ist jetzt in der trockenen Jahreszeit alles, wo nicht durch tiefeingeschnittene, jetzt wasserleere Bachbetten größere Feuchtigkeit des Bodens verkündigt wird und sich sofort frische, grüne Laubmassen und blühende Lianendickichte bemerkbar machen. Hier, in und bei diesen Wasserbetten (in Nordost-Afrika werden sie kurz „chor" genannt), gibt es auch vor allem tropische Ueppigkeit: hier stehen Riesenbäume und undurchbringliche Büsche, hier starren kolossale, grotesk gestaltete Luftwurzeln in den Sandgrund des chori hinab, hier schlingen sich schenkeldicke Lianen um die Stämme, von Baum zu Baum, von der Erde zum Gipfel und wieder herab. Hier flattern prachtvoll gefärbte Schmetterlinge und bunte Tropenvögel, von den winzigen schillernden Nectarinien bis zum grünrothen Turako und den drolligen Nashornvögeln herauf, und es gibt für mich kaum etwas Interessanteres als so am frühen Morgen, falls eben einmal ein Ruhetag den Morgen freigibt, dort herumzuschleichen und zu schießen. Schlecht steht es dagegen leider mit der höhern Jagd. Nicht etwa, daß es kein Wild gäbe. Auf den unabsehbaren Savannenebenen des Mkata treiben sich z. B. große Rudel von allerhand afrikanischem Wild umher; ich sah dort auf einem Jagdstreifzug mit unserm Kirangosi oder Führer, dem Beludschen bel Muráb, eine große, starkgehörnte Antilope und drei Giraffen, an die man aber wegen Mangel an Deckung nicht herankommen konnte, und einer unserer Pagazi (Träger) schoß glücklich ein Zebra. Man hat aber eben keine Zeit zu weitern Jagdzügen, so schnell und zu jeder beliebigen Tageszeit läßt sich das afrikanische Wild auch nicht finden, und der Anstand ist hier, wo die Dämmerung fast gleich Null ist, auch so ziemlich unmöglich.

Wenn es Dich interessirt, einiges aus unserm Lagerleben zu hören, so stelle Dir vor, daß man sich zu nachtschlafender Zeit um 5, spätestens um 5½ Uhr von seinem kärglichen Lager erhebt und sich gleich darauf im Trubel des Aufbruchs befindet. Ueberall schwarze Kerls, die ihre Msigos oder Lasten, als da sind: Handkoffer, Gewehre, Kitandas (Bettstellen), Zelte u. dgl., fertig machen wollen, Geschrei und Gezänk. Stehend, schon umgürtet mit Patrontasche, Messer, Revolver, Hirschfänger, und das Gewehr in der Hand, gießt man in Eile ein Glas glühend heißen Thee hinunter, hört das Gestreite über das Wegbringen von Lasten, die natürlich ohne Träger bleiben, mit an, bis endlich für so und so viel Doti Zeug einige biedere, bogen- und speerbewaffnete Ortsbewohner gemiethet sind, und bricht endlich auf, gefolgt von „treuen Knappen", um zu der endlosen, im Gänsemarsche wandernden Reihe zu kommen, die unter rhythmischem Gesang und mannichfachem Geschrei ihre schweren, mattenverpackten Lasten durch die Wildniß schleppen. Viele dieser Gestalten, mit Affenfellen, sonderbarem, aus Stroh und Hahnenfedern verfertigten Kopfputz geschmückt, mit jämmerlichen Gewehren oder Lanzen oder Bogen bewaffnet, mit Kalebassen, als „Dhaua" oder „große Medicin" dienenden Giraffen- und Gnuschwänzen u. dgl. behangen, würden sehr charakteristische Bilder geben, wenn eben irgendeiner von uns Zeit und Lust hätte, an ihnen seine Conterfeikunst zu üben. Leider kann ich wenigstens in dieser Beziehung zu gar nichts kommen, und habe, bis wir später einmal einigermaßen in Ruhe sein werden, auf alle raphaelischen Künste verzichtet. Es geht eben nicht, man ist zu abgespannt dazu.

Nach sehr verschieden langem Marsche, der nur zwei Stunden aber auch sieben lang sein kann, kommt man in der kleinen Mihi oder Ortschaft, oder dem in der Wildniß liegenden Cambi an, und nun geht von neuem das Durcheinander des Ab- und Auspackens los, das natürlich auf die Dauer sehr wenig Amüsantes hat und oft den Wunsch wachruft, sich einmal wieder ordentlich nach seinem Gefallen ausbreiten und seine Sachen vertheilen zu können. So wird es oft genug 3 oder 3½ Uhr, ehe der Mpischi oder Koch, unser melancholisch blickender Kalola, der unterdeß in der ägyptischen

Finsterniß eines Tembe (Hütte) bei einem rauchenden Feuer gewirthschaftet hat, verkündet, daß das Essen fertig ist. Alles stürzt sich voll Gier auf den stets den Eingang machenden, sehr oft nur von Reis und ein paar Eiern gefolgtem Mtamabrei, der hier als Hauptgericht fungirt und der mir glücklicherweise recht gut schmeckt. Freilich, „Hunger ist der beste Koch!" Reichard entwickelt übrigens auch große Kochkünste und hat neulich sogar eine Art von flachen Kuchen aus Mtamamehl gebacken, die allerdings hart wie Stein geworden sind und mir, da ich einen heiß, wie er aus der Pfanne kam, verzehrte, heftiges Magendrücken verursachten. Ist noch Zeit, wird ein wenig auf Vögel gejagt, dann präparirt oder Tagebuch geschrieben, was leider oft als lästige Verpflichtung erscheint, und woran rückständige Gewissen oft mit Seufzen benken. Darüber wird es schon wieder dunkel, und ringsumher beginnen die Lagerfeuer zu lohen, welche beim geringsten Winde einen derartigen Qualm entfalten, daß man nicht aus den Augen sehen kann, aber auch die gefürchteten Moskitos, von denen ich, unberufen, auf der Reise noch nichts gemerkt habe, in die Tiefen der Wälder und Sümpfe zurückscheuchen. Wie das Mittag- so erscheint auch das Abendessen sehr erwünscht, worauf wir noch in dem einen Zelt etwas zusammen plaudern und Besuche des Kirangosi empfangen, der übrigens, wie wir bemerkt haben, mehr des Aschai (Thee) und hauptsächlich des in diesem enthaltenen mikroskopischen Stückchens Zucker als unserer werthen Persönlichkeiten halber bei uns erscheint.

Heute haben wir hier gerastet, weil uns der größte Theil unserer edeln Soldaten, fast alles Taugenichtse von der Küste, entlaufen war und in der Nähe ein Lager bezogen hatte, von wo aus sie über die Bedingungen ihrer Rückkehr parlamentirten. Es scheint alles rasch wieder in Ordnung zu kommen, was sehr erwünscht wäre, da wir die Herren bald nöthig haben werden, wenn es in das Gebiet der wilden Wagogo und in die Region der Ruga=Ruga (Räuber) geht. Jedenfalls sehe ich das braune Mischlingsgesicht des Herrn Unteroffiziers Nyumbe bin Kabi der Zeltthür gegen= über unter einem Strohbach erscheinen, wie er in afrikanischer Gemüthlichkeit ein dickes Stück Zuckerrohr kaut als wäre gar nichts vorgefallen.

Kaiser leidet seit ein paar Tagen an Dysenterie, scheint sich aber wieder auf der Besserung zu befinden; Reichard hat einen leichten Fieberanfall gehabt, sonst glücklicherweise keine ernsthafte Krankheit bei uns! Dagegen sind mehrere unserer Pagazi und Ascari schon krank zurückgeblieben oder umgekehrt. Wir mediciniren tüchtig darauf los, und der Medicinkasten ist kaum einmal geöffnet als auch von allen Seiten Leidende herbeiströmen, denen es, wer weiß wo, weh thut und die mit irgendeiner in Wahrheit sehr unschädlichen, in ihren Augen aber höchst segensreichen „Dhaua" abziehen. Zuweilen hat auch ein Messerspitzchen irgendeiner gänzlich indifferenten Sub= stanz, wie Citronensäure oder etwas Aehnliches, die merk= würdigste Wirkung, und der Patient erscheint am andern Tage ganz gesund und erklärt die Dhaua für „wema sana", d. h. sehr gut! Neuerdings erhalten wir da, wo die Sache noch ungewöhnlicher und seltener als in der Küstengegend ist, von den Eingeborenen auch Eier u. dgl. für unsere Curen, die mit gebührendem Ernst in Empfang genommen werden.

Kirassa, 22. August 1880.

Soeben sind wir wieder ins Cambi eingerückt, das sich diesmal, ebenso wie morgen und übermorgen, „piami" b. h. im Walde, nicht in einer Ortschaft befindet. Nachdem ich einige „dudu", b. h. Insekten und Amphibien, in ihre betreffenden Behälter gesteckt, hole ich mir das Papier aus dem Rucksack, das Tintenfaß von Freund Kaiser, Federhalter aus dem

Seitenbehälter der Tasche meines Boy Nasibu, Feder aus einem Gläschen, das ich in meiner Rocktasche habe, und setze mich an den aufgestellten Zelttisch, um diese würdige Epistel fortzusetzen. In drei Tagen — „Inschallah!" (so Gott will!) muß man hier in Afrika, wo es jeden Augenblick anders kommen kann als man hofft und will, immer hinzusetzen, — kommen wir nach Mpapwa, wo ich meinen Brief hoffentlich den dort stationirten Herren der englischen Mission zur gelegentlichen Rückbeförderung nach Bagamojo zurücklassen kann.

Wir stecken immer noch im Usagaragebirge, im Thale des Mukondokwa, der hier schon viel kleiner ist und da und dort rauschend über Granitfelsen fällt. Zur Masika oder Regenzeit muß er kolossal viel Wasser führen, da er meist im tief ausgehöhlten Bette fließt, und doch der Schilfgrund der Umgegend verräth, daß er noch zu seinem Ueberschwemmungsgebiete gehört. Ueberhaupt muß es die schrecklichsten Schwierigkeiten und Strapazen verursachen, wenn man zur Regenzeit, wie zum Theil Stanley als er Livingstone aufsuchte, diese jetzt so bequeme, wenn auch nur Mann hinter Mann gangbare Karavanenstraße hinwandert. Wie oft sind wir durch tiefgelegene Ebenen voll 2—3 Mannshöhen erreichendem Schilf gezogen, die jetzt völlig trocken liegen, dann aber nichts als einen einzigen Sumpf bilden, wie oft auch durch ganz ausgetrocknete, aber sehr tiefe Chors gegangen oder durch höchstens knietiefe Ströme gewatet, die sämmtlich dann ebenso reißend als breit und grundlos sind. Wir sind tagelang durch die weiten Ebenen des Makate gezogen, in der nur halbversengte Borassuspalmen und dürftige Mimosen Ruhepunkte für das Auge bilden. Jetzt war alles Gras verdorrt und gelb, oder das Feuer hatte nichts als eine kohlschwarze Fläche hinterlassen, in der hier und da umgestürzte Bäume mitten in Haufen schneeweißer Holzasche glimmten und rauchten, während abends der Himmel roth von Waldbränden war,

und man die Flammen wol auch in langen, flackernden
Linien durch die Waldrücken oder an den Bergeshöhen lohen
sah. Und das alles, wo jetzt das Wasser zum kostbaren Ar=
tikel geworden, ist dann nichts als eine endlose Wasserfläche,
wo Mensch und Thier an Entkräftung und Erkrankung zu
Grunde geht. Freilich muß der Anblick der üppig grünenden
Wälder mit ihren Bergbächen und Wasserfällen, wie ihn
Stanley beschreibt, schöner sein als jetzt, wo vielfach trockenes
Geäst und Lianen das Immergrün der Akazien, Mimosen
und Palmen ersetzen, aber das Nützliche ist dem Angenehmen
doch auch hier sehr entschieden vorzuziehen. Obgleich die
Waschenzi in hiesiger Gegend gegen uns noch nicht feindlich
aufgetreten sind, während die uns nachfolgende Karavane der
Belgier, welche das für den Tanganjikasee bestimmte Dampf=
boot mit sich führt, bei Kisemo angegriffen worden ist, sind
die Leute nichts weniger als freundlich, während man sich
früher über ihr Benehmen nicht beklagen konnte, und es sehr
amüsant war, wenn sich alles um unsere Sitze drängte, um
die Wunder Uleias (Europas), oft ganz unbedeutende Kleinig=
keiten, anzustaunen. Lebensmittel sind sehr schwer loszueisen,
und die Kerls behaupten oft, nichts zu besitzen, während
Hühner und Ziegen genug herumlaufen. Da wir in den
nächsten drei Tagen aber gar nichts finden werden, so ist das
nicht sehr angenehm. Reichard, der das sehr gut versteht, ist
eben mit seinem getreuen Sururu, der unter unsern Boys die
komische Figur spielt, wieder zum Fouragiren ausgezogen
und kommt hoffentlich schwerbelastet heim.

5. An seine Mutter.

Mwumi, 30. August 1880.

.... Nur ganz kurzen Gruß in aller Eile, der mit den nach der Küste zurückkehrenden Leuten gehen soll, um Dir zu sagen, daß ich von meiner Erkrankung fast ganz wiederhergestellt bin, während Reichard noch recht am Fieber leidet und auch Kaiser noch nicht ganz auf dem Damme ist. Vorgestern haben wir einen sehr anstrengenden Marsch durch die wasser= lose Wildniß von Marenga=Mkali gemacht, den ich in vier= zehn Stunden hinter mir hatte. Das war um so weniger angenehm, als ich am Morgen nichts als ein Glas dünnen Thee und ein rohes Ei, den Tag über zwei weitere rohe Eier und mitgenommenes salziges Wasser hatte. Reichard und Kaiser mußten zurückbleiben und im Walde campiren. Wir sind jetzt in der offenen Gegend von Ugogo, deren Be= wohner so recht den Eindruck von innerafrikanischen Wilden machen. Einen Monat sind wir nun marschirt, allmählich steigt der Wunsch, wieder seßhaft zu sein, lebhafter auf, muß jedoch noch für lange unterdrückt werden. Die Belgier, welche wir wieder eingeholt haben, campiren neben uns, doch wer= den wir wol bis zur Grenze von Ugogo verschiedene Routen nehmen, da ein Zusammengehen den Tribut, der an diesem Orte, wie an neun bis zehn andern zu bezahlen ist, zu sehr erhöhen würde.

Vor allem bitte ich sehr, Dich nicht um mich und mein Wohlergehen zu ängstigen. Vielleicht findet sich vor unserm Eintreffen in Tabora, nach circa zwei Monaten, noch eine Gelegenheit zum Briefschreiben, sonst erhältst Du von dort wieder Nachricht.

6. An Herman Schalow.

Mwumi, 30. August 1880.

Nur drei Worte in aller Eile von dem fernen Kumpan, der seit vorgestern nach einem sehr anstrengenden vierzehn=stündigen Tagemarsche durch die wasserlose Wildniß von Ma=renga=Mkali in Ugogo eingerückt ist. Was er für die Orni=thologie thun konnte, hat er gethan, aber es bleibt auf dem Marsche einer größern Expedition — und die unserige besteht alles in allem aus circa 300 Leuten — nur sehr wenig Zeit zum Beobachten und Sammeln übrig. Ich habe bisjetzt während unserer etwas über einen Monat dauernden Reise einige vierzig Vogelbälge am Wege aufgerafft, die nun durch den Transport sehr leiden müssen. Die ersten Buceros, Ma=rabus, Corythaix, Schizorhis u. s. w. machen natürlich den gehörigen oft besprochenen Effect, wenn sie in afrikanischer Landschaft sichtbar werden. So wirst Du Dir leicht vorstellen, daß der erste Gauklerabler, im Lichte der Morgensonne auf einem riesigen blattlosen Mparamusibaum seine silberglänzen=den Schwingen halb entfaltet herabhängen lassend und so der Ruhe pflegend, anders aussah, als die abgenutzten Geschöpfe in unsern zoologischen Gärten. Leider ist auch von hohem Wild selbst in den wildreichsten Gegenden, so in den Wäldern um den Ugombosee, nur äußerst wenig zu erblicken und bei dem hastigen Durchziehen nichts zu erlegen. Diese Freude muß man sich bis zur Station versparen; doch es erfreut ja schon der Anblick einer hastig durch die Lianen hinspringen=den Affenheerde, dieses oder jenes Antilopenrudel oder ein paar Giraffen, die ihre langen Hälse über das Gras der Savannen recken. Die bösen Nachrichten aus dem Innern von der Ermordung der beiden Engländer und der muth=maßlichen Zerstörung der Station Karema wißt Ihr in Berlin ja schon lange. Ich sende diese wenigen Zeilen mit

Leuten zurück, die von den erschlagenen Europäern kommen. Meine beiden Gefährten Reichard und Kaiser haben schon recht an Fieber und Dysenterie gelitten; ich habe von letzterer einen leichten Anfall gehabt, der nun, unberufen, so ziemlich vorbei zu sein scheint. Denke Dir aber recht lebhaft aus, daß man dabei nur sehr wenig und durchaus nichts Festes essen soll, daß überhaupt nur wenig zu bekommen und der Appetit bei dem ewigen Marschiren sehr gut bleibt. Mit einem Glas dünnsten Thees und drei rohen Eiern, dazu schlechtes salzhaltiges Wasser, habe ich vom Morgen bis zum Abend während des Marsches durch Marenga-Mkali leben müssen! Ueberhaupt kannst Du Dir gar nicht vorstellen, in welch idealem Lichte einem armen Afrikareisenden, der immer nur Mtamasuppe, Eier, Reis, Kuchen, höchstens zähes Ziegenfleisch, oft aber auch kaum etwas von dem allem zu sehen bekommt, die einfachsten europäischen Genüsse erscheinen. Mögen alle herzlich gegrüßten berliner Ornithologen daran denken, wenn sie nach der Sitzung der Ornithologischen Gesellschaft gemüthlich zusammen zu Abend essen, ein gehöriges Wiener Schnitzel mit Bratkartoffeln verspeisen und nachher zu Siechen und in das Café Bauer ziehen! Jetzt gilt der von Rabbe einmal ausgebrachte Toast von denen „die es augenblicklich nicht so gut haben" wieder von einem Eurer Mitglieder und mögen ihm die Daheimgebliebenen zu seiner Stärkung einen ordentlichen Schluck widmen.

---

7. An seine Mutter.

Mbaburu, 3. October 1880.

Die Nachricht, daß ich meinen vorgestrigen Geburtstag nebst meinen Gefährten im besten Wohlsein, wenn auch nicht

gerade in festlicher Umgebung und bei fröhlichem Mahle ge=
feiert habe, schicke ich Dir aus dem zerstörten, verbrannten
und von herumliegenden Todten noch nicht gesäuberten Tembe
des Häuptlings von Mbaburu, welches durch die Soldaten der
belgischen und unserer Expedition zerstört worden ist. Als
wir nämlich Konko, unsern letzten Rastort nach breitägigen
Verhandlungen über Bezahlung des sehr hohen Hongo (Tri=
but) mit dem stets in Pombebier benebelten Häuptling ver=
lassen wollten, mußten wir auf die Nachricht, daß zwischen
dem Häuptling von Mbaburu und dem Sultan Mnie=Mtuana
Krieg ausgebrochen sei, und daß letzterer die Ortschaft des
erstern belagere, umkehren und unter den drei mächtigen
Sykomoren, wo wir gelagert hatten, von neuem unser Cambi
aufschlagen. Die Geschichte dauerte lange, abends war der
Himmel vom Brand der zerstörten Gehöfte geröthet, wir
wechselten mehrmals Briefe mit Mnie=Mtuana, und da durch
Kundschafter nichts Sicheres zu erfahren war, beschlossen
endlich die Chefs der beiden Expeditionen selbst nachzusehen.
Schoeler nahm Reichard mit, und mit 100 Soldaten der bel=
gischen, aber nur fünf unserer Expedition zogen sie ab. Nach
kurzem traf die Nachricht ein, daß das große Tembe des
Häuptlings, das sich zuletzt allein gehalten hatte, genommen
sei, und der Sieger kehrte gerade zurück, als wir Zurück=
gebliebenen Anstalten zur Vertheidigung unsers Lagers treffen
wollten, da es plötzlich hieß, der Häuptling von Seke wolle
Konko angreifen, wobei wir, mit unserm reichen Waaren=
vorrath, natürlich in Mitleidenschaft gezogen worden wären.
Mnie=Mtuana, der durch seinen Sohn vertreten war, hatte
natürlich die Europäer gebeten, ihm bei Eroberung des Tembe
zu helfen, und diese mußten einwilligen, da sie von Massen
Wagozi umgeben waren und die Soldaten selbst vor Eifer
brannten, das Tembe, in dem sie reiche Schätze wußten, zu
stürmen. Den Tag über wurden Schüsse in großer Masse
gewechselt und in der Nacht auf die Nachricht, die Besatzung

wolle fliehen, das Ding genommen und angezündet. Ein trauriger Anblick sind die herumliegenden erschlagenen und verstümmelten Männer, Frauen und Kinder! Wir sind eben in Centralafrika. Massenhafte Vorräthe wurden im Tembe aufgefunden und liegen noch dort, obgleich sich die ganze Umgebung wie Raben auf ein Aas darauf gestürzt hat.

Gestern sind von Tabora aus, das wir in circa 15 Tagen zu erreichen hoffen, noch zwei belgische Herren, Kapitän Popelin und Mr. Roger mit 250 Soldaten zu unserer Unterstützung zu uns gestoßen, sodaß wir jetzt zusammen 10 Europäer mit über 400 schwarzen und Belubschen-Soldaten sind, eine Streitmacht, wie sie wol noch kaum eine Expedition aufzubieten hatte. Die Zeit, während wir in Konko lagen, habe ich möglichst viel mit Vogeljagd und Anstand auf die sehr häufigen Hyänen verbracht, die nachts, während man als Wachtposten um die Waarenballen wandelt, ganz nahe zu hören sind.

Hoffentlich kommen wir nun bald zur Ruhe und nach der ersten Einrichtung zu vernünftigem Arbeiten, wonach ich mich schon sehr sehne. Ich habe unterwegs über 100 Vögel präparirt, konnte sie aber doch nur so nebenbei am Wege erlangen, wenn einmal Zeit dazu war. Von Tabora aus schreibe ich jedenfalls genauer.

---

8. An seine Mutter.

Tabora, 18. October 1880.

.... Endlich sind wir nun, nach einem mehr als 2½ monatlichen Marsche in Tabora eingerückt, genau vor dem ersten Einsetzen der Regenzeit, die nachdem wir gestern angekommen, sich schon heute mit ein paar tüchtigen Güssen anzeigte.

Tabora! war der Ruf, der auf den langen anstrengenden Märschen in den dürren Wildnissen der berüchtigten Mgunba=Mkali die ermüdeten Pagazi aufrichtete, Tabora war uns allen das Gelobte Land, wo es Ruhe, zu essen und zu trinken gab, nicht nur reichliches Wasser, sondern das von den Eingeborenen sehr geliebte Pombe, ein aus Mtamakorn gebrautes Bier, dem auch wir Weißen ganz gern zusprechen. Die Aussicht, trinken zu können, war um so verlockender, als es auf den Lagerplätzen in der Mgunba=Mkali nichts als schlechtes und schmuziges Wasser gab, das mühsam in den ausgetrockneten und von der brennenden Sonne hartgeglühten Flußbetten gegraben und nachts eifersüchtig mit geladener Flinte bewacht wurde, damit kein anderer das köstliche Naß stehlen möchte.

In der That hielt auch Tabora vieles, was uns von ihm vorgesungen, wenn auch der Begriff einer großen Stadt durchaus nicht auf diese weit und breit zerstreuten kleinen Ortschaften und einzelnen Tembes passen will. Schon der Anblick des grünen Thals, der mit jungem Laub bedeckten Bäume und Büsche, der prachtvolle Duft, welchen rhobodenbronartige weiße Blüten ausströmten, that sehr wohl, nachdem man viele, viele Tage nichts als das ewige Grau des vollkommen dürren Buschwaldes, gelbes, versengtes oder vom Feuer schwarz gebranntes Gras und den Staub der schmalen Karavanenstraße gesehen hatte. Auch war es einmal wieder eine angenehme Abwechselung, in den Ortschaften von anständigen Araberchefs begrüßt, unter die kühle Veranda des Haupttembe genöthigt und hier mit allerhand Dingen bewirthet zu werden, nachdem man so lange Zeit nur von wilden, fast oder ganz nackten, aber bis an die Zähne bewaffneten Wagogo angestiert worden war, die nicht einmal einen Schluck Wasser ohne Bezahlung abgeben.

Nur eine recht unangenehme Enttäuschung erwartete uns hier. Da alle Monat ein von der Internationalen Gesell=

schaft angestellter Kurier mit Briefen von der Küste über Tabora bis Karema geht, so hatten wir, in der Annahme ihn deshalb unterwegs nicht angetroffen zu haben, weil er vielleicht wegen des Kampfes in Mbaburu einen andern Weg genommen hatte, sicher die Briefe von der August-Mail vorzufinden gehofft, nachdem wir die Juli-Mail noch in Bagamojo bekommen. Aber der Kurier ist ausgeblieben, vielleicht auf dem Wege ermordet worden und alle Briefe also höchst wahrscheinlich verloren.

Von dem zerstörten Mbaburu aus richtete ich den letzten Brief an Dich. Als wir von dort, eine Masse von im ganzen weit über 1000 Menschen, abzogen, leuchtete uns als würdiges Schlußtableau eines afrikanischen Raub- und Mordzuges der Brand des mächtigen Tembe auf den Weg, das von unsern Leuten in ihrer rohen Zerstörungswuth noch einmal an allen Ecken und Enden angesteckt war. Bis auf den kleinsten Pagazibengel schleppten sie alle schwer an der gemachten Beute von Mtama- und Maismehl und noch immer war eine mehrtägige Plünderung, zu der die Bewohner der Umgegend haufenweis heranströmten, nicht im Stande gewesen, die massenhaft dort lagernden Erntevorräthe fortzuschaffen. Am Tschaiasee, den wir nach einem sehr anstrengenden Marsche erreichten, gab es sehr viel Wild, das hier zur Tränke kommt. Heerden von Zebras zogen hintereinander durch das hohe gelbe Wiesengras, weiter ab standen große und kleine Antilopen und auch Strauße. Die Flußpferde bleiben unsichtbar, dafür finden sich große Schildkröten im ausgetrockneten Schlamm. Elefantenspuren waren sehr zahlreich und so frisch, daß die Kerls höchstens vor einer halben Stunde vorbeigewechselt sein konnten. Was aber sollte selbst der passionirteste Jäger machen, wenn man abends todmüde bei sinkender Sonne ankam und es am andern Morgen noch in der Dunkelheit wieder weiter ging? So habe ich denn die ganze Reise bis hierher zurückgelegt, ohne auf ein einziges Stück Wild geschossen, geschweige denn eins erlegt zu haben. Aehnlich ging es mit Sammeln und sonstigen ernstern Arbeiten in meinem Fache, sodaß ich bisjetzt von dem, was ich hier suchte, noch sehr wenig gefunden habe und mich auf spätere bessere Zeiten vertrösten muß.

Gestern haben wir, d. h. die belgischen Herren und die unserer Expedition, unsern Besuch bei dem Wali des Sultans von Sansibar, seinem Bruder Scheikh ben Nasib und dem Sultan von Unjanjembe abgestattet, nachdem schon vorher der Wali und eine Anzahl der hiesigen vornehmen Araber bei uns gewesen waren. Wir wurden zweimal mit einem Frühstück bewirthet, das besonders bei dem Bruder des Wali, einem alten weißbärtigen Herrn, ganz ausgezeichnet war. Die prächtigsten Backwerke und Confituren, die auch bei uns Furore machen würden, gruppirten sich um das bekannte Hauptgericht Reis mit Huhn, beides nach arabischer Sitte mit uns in Europa ganz unbekannten, aber ausgezeichneten Gewürzen zubereitet; dazu gab es brillante süße und saure Milch und hinterher arabischen Kaffee, der von einem Sklaven mit elegantem Schwung in ganz winzige Täßchen eingeschenkt wurde.

Uebrigens war die Wohnung des Wali durch auf die Pfähle der Umzäunung aufgesteckte Schädel und die in den Vorräumen an schweren langen Ketten liegenden Gefangenen nicht gerade sehr gemüthlich!

Heute wurde unser Geschenk an die drei Herren, die wir gestern besucht hatten, abgeschickt, für den Wali ein kostbarer, schwer mit Gold durchwirkter Stoff, für die beiden andern weniger werthvolle, aber auch sehr schöne Shawls von bunter Maskatseide mit Gold, und sie haben auch anscheinend Gnade gefunden. Wir werden nun, sobald wir hier unser Geschäft beendet haben, wieder aufbrechen, um wahrscheinlich nach zwölftägiger Reise in Kisinde, hinter Ugunda, nicht weit vom Sombefluß endlich Ruhe zu finden. Die Masika oder Regen=

zeit wird uns noch viel zu schaffen machen; wir werden uns so schnell wie möglich ein provisorisches Haus bauen lassen müssen, da nach Aussage der Sachverständigen nicht daran zu denken ist, vor Ende der Regenzeit, d. h. vor dem Mai nächsten Jahres, mit dem Bau des Stationshauses zu beginnen. Der Bau wird allermindestens sechs Monate in Anspruch nehmen, und dann erst kann man anfangen, es sich etwas gemüthlich zu machen.

---

9. An seine Schwester.

Kakoma, 28. November 1880.

Seit etwas über vierzehn Tage sitzen wir denn nun endlich auf unserer Station, welche in dem weltberühmten Kakoma gegründet worden ist. Unter besagter Metropole hast Du Dir ein ganz winziges, nur aus wenigen Hütten bestehendes und von einem Pfahlzaun umgebenes Negerdörfchen vorzustellen, das inmitten einer Lichtung im puri oder Walde gelegen und durch schmale Fußsteige mit einigen benachbarten, gleich imposanten Nestern verbunden ist. Von außen siehst Du nichts als den Zaun, einige Strohdächer, ein Bananengebüsch und einen pflanzenbedeckten Teich. Als Staffage denke Dir einen Haufen nackter spielender Negerkinder, buntschillernde Glanzstaare und Blauraben auf den einzelnen Bäumen der Lichtung, auch ab und zu eine Heerde Paviane mit kolossalen bemähnten alten Männchen am Waldesrande. Beherrscht wird dieses Idyll direct durch einen alten „Sultan", vulgo Ortsschulzen, von anscheinend nicht ganz schlechtem Naturell, das ihn natürlich nicht hindert, möglichst oft um die verschiedensten Sachen zu betteln, indirect durch den Sultan des drei Tagesmärsche von hier gelegenen Gonba oder Jgonda, einem widerlichen, stets betrunkenen Kerl, höchst unsicherer Gemüthsart. Was unsere eigenen Wohnverhältnisse anbetrifft, so besitzen wir fünf Tembes, unter welchem hochklingenden Namen Du Dir kleine Lehmhäuschen allerprimitivster Art vorstellen mußt, aus rohen Baumstämmen, Holzstücken und dazwischen geschmierter Thonerde erbaut und mit Stroh, Sand und Lehm gedeckt. „Fenster", d. h. Licht- und Luftöffnungen haben wir uns erst hinein hauen müssen, denn derartigen Luxus kennt kein Mnjamwesi. Duster ist es trotzdem im Innern. Zwei dieser Paläste kauften wir erst im Holz fertig, auch die andern werden erst in Stand gesetzt, sodaß alltäglich eine Schar viel Skandal und wenig Arbeit leistender Männlein und Fräulein unsern Hofraum unsicher machen, und wir zum Theil noch in den zwei engen Zelten hausen. Nach so langer Reiseroute möchte man doch endlich einmal an seine Sachen kommen, die jetzt noch immer fast unerreichbar auf- und übereinander zusammengestapelt sind.

Fett, Brennöl, Milch, Eier sind hier nicht zu haben, Mehl und Hühner enorm theuer. Du kannst Dir also die riesige Abwechselung des von mir täglich zusammengesetzten Menu denken. Mehlsuppe, Huhn, Reis mit Curry (starkes Gewürz), dazu eine sonderbare Art von in der Pfanne geröstetem Brot, das wird mittags und abends (d. h. 6 Uhr, wenn es dunkel wird) mit dem großen Unterschiede gegessen, daß es um 12 Uhr keine Suppe gibt. Von Zeit zu Zeit erlaubt man sich eine unserer wenigen Conservenbüchsen oder schießt ein paar wilde Tauben. Für Jagd war aber bisjetzt noch gar keine Zeit, großes Wild scheint auch noch selten zu sein und sich mehr an den Flüssen aufzuhalten, da es sonst kein Wasser gibt. Affen, Hasen, ein paar Antilopen, das ist alles, was wir gesehen haben, dazu heulten ab und zu nachts in der Nähe ein paar Hyänen. Mittags, wenn alles andere Siesta macht, schieße ich öfters Vögel, von denen es viele und sehr schöne Arten gibt; später werde ich mich natürlich hauptsächlich morgens auf den Weg machen. Bisjetzt haben mir die einmal gegebenen Verhältnisse leider das noch nicht gestattet, weswegen ich hauptsächlich nach Afrika gegangen bin — freie Zeit und Gelegenheit zum Sammeln und Präpariren. Das kann erst kommen, wenn wir uns hier fertig eingerichtet haben, wenn das eigentliche Stationshaus errichtet worden ist, woran uns jetzt noch die Regenzeit verhindert. In den letzten Tagen hat dieselbe mit täglichen Güssen und sehr starken Gewittern begonnen; zwischendurch scheint die liebe Sonne mächtig heiß, was mir bekanntlich selten zu viel werden kann. Desto widerlicher sind aber die dann losgelassenen Fliegenschwärme, die das Jagen unmöglich machen, indem eine ganz kleine Art sich mit boshafter Consequenz in die Augen setzt, während eine größere Sorte Gesicht und Hände mit scheußlichen Stichen bedeckt. Nachts werden diese Unthiere daheim durch massenhafte Ratten und Mäuse ersetzt (immer zur Regenzeit erscheinend), welche Poltern, Fressen und Ruiniren von allen möglichen Dingen, z. B. eben mit Mühe fertig gemachter Vogelbälge, zu ihrer Lebensbeschäftigung gemacht haben. Fieber scheint diesen glücklichen Jagdgründen auch nicht fremd zu sein; wir alle haben daran gelegen, ich kam in vollem Fieber hier an.

Von Tabora aus hatte ich Euch zum letzten mal geschrieben. Dieser Ort, der unsere von ihm gehegten Erwartungen doch sehr täuschte, wird mir immer in wenig liebsamer Erinnerung stehen, da ich in der ganzen langen Zeit, in der wir dort verweilten, so viel schwierige und unliebsame Expeditionsgeschäfte hatte, daß ich nicht ein einziges mal ein paar Stunden erübrigen konnte, um auf den sonnigen Höhenzügen von Quihara, die mit ihrer grünen Buschbekleidung freundlich in das Thal von Tabora sehen, etwas herumstreifen und jagen zu können, was mir um so betrübender war, als meines Wissens bisher in und um Tabora noch nicht gesammelt worden ist. Das einzig wirklich sehr Interessante war der Verkehr mit den dortigen Arabern, von denen besonders einer, Namens Seid bin Sef Snani, ein kleiner lebhafter, schwarzäugiger, bärtiger Herr, uns in sein edles Moslemherz geschlossen hatte, oft auf seinem prachtvollen Maskateesel angesprengt kam, um bei uns „Tschai" (Thee) mit sehr viel Zucker zu trinken, uns bei Gegenbesuchen in seinem Tembe sehr freundlich bewirthete und uns Milch, Wassermelonen und Zuckerrohr ins Haus schickte. Von den officiellen Visiten beim Wali, dessen Bruder und dem Sultan von Unjanjembe habe ich Euch berichtet; die beiden erstern, von außen mit der bekannten arabischen Höflichkeit übersirnißten, im Innern aber sehr schuftigen Herren Gewalthaber hatten, nachdem sie uns ihrer Liebe und Freundschaft auf das wärmste versichert, nichts Eiligers zu thun gehabt, als Expreßboten abzuschicken, die den Häuptlingen der weitern Umgebung Ordre überbringen mußten, sie möchten unsere Ansiedelung verhindern.....

Schoeler brach dann mit Reichard voraus auf, um den Platz der Station auszusuchen, da sich sowol gegen Gonda, wie gegen das zunächst in Aussicht genommene Kisinde allerhand triftige Bedenken geltend gemacht hatten. Gleich den vorher nach Karema am Tanganjika abgegangenen Belgiern mußte er ohne Soldaten aufbrechen, da diese sämmtlich nicht weiter wie Tabora zu gehen erklärten und auch trotz langer Berathung und angedrohter Haft von diesem Entschluß nicht abzubringen waren. Ich wollte dann mit Dr. Kaiser und unserer Hauptausrüstung nachfolgen. Da ich aber mehrere Briefe erhielt, nach denen sowol Schoeler wie Reichard schwer am Fieber erkrankt und in Gonda von sämmtlichen Trägern verlassen worden waren, so brach ich mit nur ein paar Leuten allein auf, um in Eilmärschen so schnell wie möglich zu ihnen zu stoßen. Am ersten Abend kam ich schon in tiefer Dunkelheit in dem Orte Mganga an, wo bereits unsere Karavane zum Weitermarsch fertig lag. Hier packte mich ein Fieberanfall, der aber glücklich noch in der Nacht endete.

Am vierten Tage nach meinem Aufbruch war ich in Gonba und fand dort bei einem Halbaraber ein Billet vor, beide Gefährten seien schon bis Ndifia weiter gegangen, hörte aber noch auf dem Wege dorthin, daß sie schon in Simbile seien. Am nächsten Tage traf ich dort ein und fand beide schon wieder gesund, wenn auch noch sehr elend aussehend. An Stelle der entlaufenen Träger waren bereits neue engagirt worden. Am folgenden Tage faßte mich dann zur Veränderung wieder das Fieber. Der betrunkene Sultan, ein gänzlich entnervter, beim Händeschütteln vor Schmerz aufschreiender Kerl Namens Mlimangombe, wollte absolut nicht, daß wir in Simbile blieben, sei es wegen oben erwähnter Freundschaftspost von Tabora oder persönlicher Ungastlichkeit. Infolgedessen ging Reichard am nächsten Tage nach dem einige Stunden entfernt liegenden Kakoma, wo er die Verhältnisse anscheinend so günstig fand, daß er gleich ein Tembe für uns ankaufte. Am darauffolgenden Tage saßen wir denn auf unserm Stationspunkte; in drei Tagen kam auch Dr. Kaiser, sowie heute früh die Karavane mit den kostbaren Zeugballen nach.

Dies waren die Erlebnisse der letzten Zeit; wie Du siehst, wenn auch recht wechselvoll und für unsere Existenz in Zukunft sehr wichtig, doch wenig afrikanisch-romantisch, sondern geschäftsmäßig-prosaisch.

Hier ist seit Tabora fast alles grün, während man vorher durch das ewige öde Grau des kahlen winterlich dareinschauenden Puri, mit seinem schwarzgebrannten Boden und vergilbten todten Grase fast zur Verzweiflung gebracht wurde. Bei Euch sieht es nun schon anders aus; wenn wir abends von 6 Uhr an in völliger Düsterniß sind, da wir ja kein Brennöl haben und die wenigen kostbaren Lichter sparen müssen, malen wir uns manchmal aus, wie man bei uns zu Hause nun gemüthlich am Theetisch oder in der Kneipe sitzt, während draußen die Gaslaternen nur düster durch das Schneetreiben hindurchschimmern. Wir haben diesmal grüne Weihnachten!

---

10. An Herman Schalow.

Tabora, 12. December 1880.

.... Bisjetzt habe ich auf unserer Station, wo wir fünf kleine Tembes, d. h. jämmerliche Lehmhütten, als vorläufige Behausung fertig bauen, Ställe u. s. w. construiren mußten, noch im Zelte campirt und so noch keine Ruhe, Zeit und Gelegenheit zum Arbeiten gehabt. Sobald ich zurückkomme, schreibe ich Berichte an die Afrikanische, sowie Begleitnotizen über gesammelte und beobachtete Vögel für die Ornithologische Gesellschaft. Freilich wird beides recht unvollständig ausfallen, da nun erst Sammeln und Jagen beginnen kann. Durch den theilweisen Verlust meines Alkohols während der Herreise, sowie das gänzliche Auslaufen der Wickersheimer'schen Flüssigkeit, die die Verlöthung ihrer Blechkisten durchfressen hat, bin ich schwer beschädigt, besonders da es Jahre dauern kann, ehe etwas von Hause nachkommt. Glücklicherweise gibt es, wie es scheint, in unserer Gegend viel Wild. Paviansheerden und andere Affen kommen tags, Hyänen und Schakale nachts ins Feld, kleinere Antilopen gibt es in der Nähe, circa $2^1/_2$ Stunden von uns viele Giraffen, Schweineantilopen, Zebras und last not least Löwen. Als wir, Reichard und ich, neulich dort auf Jagd waren, schoß Reichard einen starken Keiler an; wir fanden die frischen Reste einer etwa pferdegroßen Antilope, die ein Löwe in der Nacht zerrissen und unter einen Busch geschleppt hatte. Nicht weit davon wurden wir von der Mama, die vier Junge bei sich hatte, wüthend attakirt, als wir unmittelbar an ihrem Schlupfwinkel vorbeigingen. Ein abgebrühter Afrikajäger würde wol das mit wildem Gebrüll gerade auf uns losspringende Biest mit einem Kopfschuß zur Strecke gebracht haben, wir aber waren bei dem plötzlichen Angriff doch zu perplex und standen mit angeschlagener Büchse einige Augenblicke da, bis die Löwin, sobald ihre Jungen entlaufen waren, vor dem drohend geschwungenen Speer und dem rauhen Anschrei unsers eingeborenen Führers kehrt machte und mit großen Sätzen in den Büschen verschwand. Ueber die Ornis ein anderes mal mehr. Den Trauerwürger (Rhynchastatus sp.) glaube ich wieder gehört zu haben und hoffe über diesen interessanten Vogel Näheres zu erfahren, vor allem auch Nest und Eier zu finden. Wie oft, wenn ich allein durch den bebend heißen Puri strich, habe ich Deine Anwesenheit gewünscht, um uns über den prachtvollen Anblick dieses oder jenes Vogels zusammen freuen oder unsere Beobachtungen austauschen zu können.

11. An seinen Bruder.

Tabora, 30. December 1880.

.... Seit nun bald einem Monate bin ich von unserer Station Kakoma, vier starke Tagesmärsche von hier, und meinen beiden Collegen Reichard und Kaiser fern, indem ich unsern bisherigen Chef, Herrn von Schoeler, bis hierher auf seiner Rückreise zur Küste begleite. Die Gründe seiner frühen Rückkehr sind sehr einleuchtend und werden von uns andern drei Mitgliedern der Expedition vollkommen gebilligt. Bei gebotener Gelegenheit, daß eine größere Elfenbeinkarawane nach der Küste ging und deren Führer, Mhámmed bin Mhámmed Sonafi, genannt Bana Rumi, noch vorher mit allerhand Sachen für uns von Tabora nach Kakoma kam, brachen wir deshalb in aller Eile am 9. December auf. Diese Hetze war nun absolut unnöthig, da der Abmarsch von hier in echt afrikanischer Weise von Tag zu Tag verzögert wurde und heute erst die Träger aufgebrochen sind, um bis zum Rendez= vous zu gehen, wohin Schoeler hoffentlich übermorgen nach= folgen kann. Ich habe mich hier unterdeß geradezu bis zum Wahnsinn gelangweilt, während mir der Gedanke an Kakoma und die so kostbare Zeit, die so greulich todtgeschlagen wer= den mußte, fast das Herz abstieß. Wollte ich doch nun end= lich, endlich mich ordentlich einrichten, vernünftig zu sammeln und zu arbeiten anfangen. Das kann ich Dir sagen, Geduld lernt man hier auf diesem heißen Boden. Unterdeß habe ich hier auch wieder einen heftigen Fieberanfall durchgemacht (von kleinen spricht man natürlich gar nicht), mit Rasen und Besinnungslosigkeit. Dank der Sorgfalt des hier stationirten Arztes Dr. van den Heuvel, von dem belgischen Comité, bin ich wieder ganz hergestellt. Den Weihnachtsabend haben wir ganz gemüthlich verlebt; wir, d. h. Schoeler und ich, waren bei Dr. van den Heuvel freundlich eingeladen, der sich hier ein großes arabisches Haus sehr nett eingerichtet hat. Dazu kamen noch Mr. Sergère, ein Franzose, der mit uns zugleich herkam, und der von Karema, der belgischen Station am Tanganjika zurückkehrende Kapitän Cambier. Säße ich nur erst wieder im Hinterwalde von Kakoma, ich habe das Leben hier in der „Residenz" überfatt! Stelle Dir übrigens unter besagtem Hinterwalde nicht das vor, was man gewöhnlich als „Urwald" bezeichnet. Nach mehrern Richtungen findest Du kleine Weiler mit Feldlichtung, die Waldbäume sind meist ziemlich schwach und es ist vielfach daran herumgehackt. Ein gutes Jagdgebiet liegt circa 2½ Stunden von unserm Ort.

Kurz vor meiner Abreise gingen Reichard und ich in Begleitung eines einheimischen Jägers und noch einiger Wanjamwesi dorthin. Auf dem Wege kamen wir an drei verlassenen Ortsstätten vorbei; die Leute des ersten waren wegen größerer Sicherheit nach Kakoma gezogen, das zweite war von dem berüchtigten Räuberhäuptling Simba zerstört, das dritte, das schon im Jagdgebiete lag, war von den Einwohnern wegen des zu großen Feldschadens durch die Wildschweine verlassen. Mehrere Völker Perlhühner und Frankoline störten wir von den alten Feldern, an einem trockenen Flußbett, auf; in einem Dickicht von Mimosen, Akazien und Fächerpalmen trafen wir auf eine Rotte Sauen — Du weißt wohl, die mächtigen Warzenschweine mit den starken Gewehren — von denen Reichard einen sehr starken Keiler leider nur anschoß. An Verfolgung war natürlich nicht zu denken. Auf einer savannenartigen Ebene, mit einzelnen Baumgruppen echt afrikanisch bestanden, in der sich auch Hasen sehen ließen, sahen wir über einem dichten Gebüsch prachtvolle Gaukler und andere Adler kreisen und fanden im Gestrüpp die Reste einer pferdegroßen Antilope mit breitem starken Gehörn, die ein Löwe in der letzten Nacht zerrissen hatte. Noch waren die Spuren des Kampfes deutlich zu erblicken. Eben passirten wir nicht weit davon, ganz gemüthlich „Gewehr über", einen mit Gebüsch und Bäumen bestandenen Hügel, als plötzlich dicht bei uns ein wüthendes, dumpf dröhnendes Geknurr laut wurde und ich in demselben Moment, als mein Junge mit dem Rufe „Simba!" (Löwe!) zurückfährt, den Kopf einer alten Löwin hinter dem Hügel hervorschauen sehe, die wir hier nebst ihren vier Jungen in ihrem Schlupfwinkel so ganz ohne Etikette überfallen hatten. Ich hatte kaum Zeit, meine Büchse von der Schulter zu reißen und die Hähne aufzuspannen, als sie auch schon mit rauhem Gebrüll, in eine Staubwolke gehüllt, auf uns losstürzte. Der nächste war unser Führer, der, ohne einen Schritt zu weichen, sich ihr mit hochgeschwungenem Wurfspieß und eigenthümlichem lauten Geschrei: „Kah, kah, kah!" entgegenwarf. Die jungen Löwen flohen nach rechts und links und kaum waren sie verschwunden, als auch die Löwin kurz kehrt machte und mit großen Sätzen im Dickicht verschwand. Reichard wollte nach, wurde aber von den Schwarzen festgehalten. Das Ganze ging so schnell und plötzlich vor sich, daß wir doch etwas perplex waren, wie Du Dir denken kannst, als das Ungethüm so plötzlich ein paar Schritt vor uns herumwüthete, und deshalb gar nicht zum Schuß kamen. Leider hatte der Boy, der unsern Wasserkürbis trug, denselben vor Schreck fallen lassen, sodaß er zerbrach. Wir mußten nun zu einer kleinen Wasserstelle, der einzigen auf Meilen in der Runde, zurück und konnten nicht mehr lange bleiben, da wir bei der Riesenhitze viel Durst hatten. Uebrigens sahen wir Spuren von Giraffen, Antilopen, Zebras u. s. w. genug, bekamen aber nur einige kleinere Antilopen zu Gesicht. Nächstens wollen wir nachmittags hin, um abends zu jagen, dort schlafen, resp. Anstand bei Mondschein machen und dann ganz früh zur Jagd aufbrechen. Sonst habe ich noch keinen Löwen gesehen, nur einmal einen brüllen gehört.

Das wäre nun alles ganz gut und schön, wenn nicht diese unruhigen Ruga=Rugahäuptlinge, Mirambo, Simba und Npungo, uns so nahe auf dem Halse säßen. Der erste, schlimmste und mächtigste ist schon wieder auf dem Kriegspfade; alle Augenblicke heißt es, er kommt nach Kakoma, und es ist in der That nicht unmöglich, daß er Gonda angreifen wird, da in seinem eigenen Gebiete Hungersnoth herrscht. Dann zerstört er aber auch zuerst alle Orte in der Umgebung, bis er Gonda selbst angreift, wo der Sultan mit Macht eine Art großer Festung baut. Das kleine Nestchen Kakoma ist nur durch einen Zaun befestigt und hier eine Vertheidigung überhaupt mehr als problematisch. Augenblicklich haben wir nur drei, sage drei Soldaten, dort; ich nahm jetzt 10—14 Mann, die von der Küste angekommen sind, mit mir, aber die Hinterlader werden für uns erst jetzt in Sansibar angekommen sein, und man muß überhaupt bedenken, daß Mirambo 50000 Mann, darunter 5000 mit Gewehren bewaffnete, aufbringen kann, wie wenigstens behauptet wird. . . . .

Hoffen wir das Beste!

Die Leitung der Station habe ich nun übernommen; ich sehne mich sehr dorthin, zurück zu den beiden Collegen, zurück zum Schaffen und Arbeiten.

---

12. An seine Mutter.

Gonba, 14. Januar 1881.

. . . . Nachdem ich heute auf dem Rückwege von Tabora einen großen Marsch durch den Puri oder Wald gemacht habe und in unserm heutigen Cambi, der Residenz des unliebenswürdigen, ewig betrunkenen Mlimangombe wieder etwas Muße habe, will ich Dir noch mit wenigen Worten schildern, wie sich jetzt der Wald zu seinen Gunsten verändert hat. Ich selbst mag es kaum glauben, daß das dieselben Strecken sind, die ich vor wenig mehr als Monatsfrist bei sengender Glut müde durchzogen habe. Das ist keine verbrannte Wüste mehr, mit gelben Grasstummeln, schwarzem Kohlenstaub, wenigstens theilweise ganz kolossalem Geäst und heißem glühenden Brandgeruch, das ist frischer grüner Forst, der den Eintretenden mit jenem prächtigen Hauch empfängt, den ich so über alles liebe und schon so lange entbehrt habe. Alles trieft und tropft von reichlich über Nacht gefallenem Gewitterregen. Alle Bäume dicht bedeckt von mannichfachem Grün; vom Boden schießt hohes frisches Gras auf, dazwischen Kräuter und Stauden mit großen fleischigen, dicknervigen Blättern.

Da und dort zieht sich eine Liane mit passifloraähnlichen Blättern von Baum zu Baum, dann nnd wann kommt ein Duftstrom wie von Jasmin und Heliotrop. Da steht aber auch alles in Blüte! Nicht nur die Gräser, deren mannichfache Blütendolben allenthalben über den schlanken Halmen flaggen; da stehen zahllose Orchideen, als weiße Sternähren oder mit himmelblauen, hellgelben, weißen und rothen Blumenblättern aus dem grotesk angeschwollenen farbigen Kelchblatt herausschauend, eingehüllt in einen ganz klaren Schleier, dunkelblaue und violette Lippenblüten, riesige Glocken, eine brennend scharlachrothe große Composite, wahrscheinlich unserer Arnica montana verwandt; am Boden ranken sich Coloquinten, weiße zartviolette und bräunlichgelbe duftende Winden (Ipomoea und Convolvulus); hie und da stehen, beetartig zusammengedrängt, jene amaranthrothen Blumen, die man auch bei uns in Gärten findet, deren Namen ich jedoch nicht kenne, einen schönen Gegensatz zu hochgelben crocusartigen Blüten bildend. Dazu Amaryllideen in blattlosen dicken Büscheln, rosa und purpurfarben.

Und dann hängen von den Bäumen große weiß und gelbe Glockenblüten, von einer zartgefiederten Mimose vielfach zusammengesetzte Köpfchen, eine Eichelform bildend, von der die Kapsel zartviolett und rosa, die Frucht selbst hochgelb ist. Und wenn dann an einem von Gebüsch umstandenen Teich ein Eisvogel, wie ein Saphir blitzend, ins Wasser stürzt, eine Schar jener prachtvollen Pfauenkraniche, die wir auch in zoologischen Gärten bewundern, im Dreieck durch die Luft fliegt, oder wir, als menschliche Staffage, einer Elfenbeinkarawane begegnen, deren Träger wild aufgeputzt oder mit schweren Ketten aneinander gefesselt sind, und wir dem führenden Araber mit gegenseitigem „Jamba, jamba, Sana" und „Sobach il cher" die Hand schütteln, so weiß man doch, daß man in Mittelafrika und nicht in irgendeinem

Krähwinkel ist, wie es mir in letzter Zeit zuweilen geschienen.

Vorhin habe ich einen alten guten Bekannten, einen Storch, gesehen, nachdem ich schon bei Tabora mehrere male solche zu sehen glaubte. Soweit hinein geht dieser Herr also!

---

13. An Herman Schalow.

Kaloma, 1. Februar 1881.

.... Soeben aus „afrikanischem Wald und Dreck" zurückgekehrt, in welche ich mich schon bei stockdüsterer Nacht in Gesellschaft eines ziemlich abamitisch gekleideten und tätowirten Unjamwesijägers begeben hatte, um womöglich ein Stück Wild für unsere Küche zu erbeuten, benutze ich die Erholungszeit — ich bin bis Mittag im Puri herumgerannt — um Deinen mich so sehr erfreuenden Brief vom 14. October 1880 zu beantworten. Glaube mir, ich konnte, was Nässe und Dreck anbetrifft, getrost mit Freund Rhamm in den Leiper Wiesen concurriren, denn der afrikanische Schlamm ist schwarz und und zähe, und der afrikanische Regen zur Masikazeit auch nicht von gestern. Leider kann ich mit keiner „Strecke" aufwarten; daß aber unser Jagdrevier doch besser besetzt ist, als das Egsdorfer seligen Angedenkens, und daß es eben nur eine ungnädige Laune St.-Huberti war, die mich ohne Bruch auf dem Hut heimkehren ließ, wirst Du aus folgenden kurzen Aufzeichnungen dessen, was mir in den Weg kam, ersehen.

Zuerst trafen wir noch bei der Morgendämmerung in einem Bestand von Acacia fistula *Schweinf.* auf ein starkes Rudel großer Antilopen, das aber schon flüchtig war. Als wir still an derselben Stelle blieben, kamen einige Stücke, ich glaube wenigstens, von demselben Rudel zurück. Hätte das eine seine anfängliche Richtung verfolgt, so hätte ich vielleicht eine Kugel anbringen können, obgleich das Büchsenlicht noch sehr schwach war, sie schwenkten aber ab. Nach einer Weile folgend trafen wir wieder auf ein Rudel, konnten aber wieder nicht ankommen, da uns der führende Bock zu früh äugte. Im benachbarten Hochwald gingen zwei Antilopen von Gazellengestalt auf; als ich mich eben vorsichtig bis an einen dünnen Baum in Schußnähe angepirscht hatte, standen mir beide genau spitz von vorn und wurden flüchtig, als ich noch zögerte, da der Zielpunkt zu klein war. Dann trafen wir viermal auf einzelne Antilopen von einer äußerst scheuen Art, die man immer nur aus hohem Grase hoch werden und bis in die weiteste Weite flüchtig sieht. Dann an einem Regenstrom, bei dem es prachtvolle Fächerpalmen gibt, stieß ich wieder auf zwei dieser Art. Als ich der einen noch etwas nachging, erinnerte mich ein dumpfes Gebrüll aus der Ferne daran, daß hier noch andere Herren das Jagdrecht beanspruchen.

Mehrere Gauklerabler standen mit rauschendem Flügelschlage vom Boden auf, ohne daß ich erfahren konnte, was sie da gewollt hatten, eine Bande Affen von einer ziemlich großen Species mit auffallend langen Schwänzen plumpste mit Gelärm von den Baumästen herab und verschwand im Dickicht. Schließlich störten wir noch einen strammen Keiler (Potamochoerus) auf, der grunzend aus seinem Kessel flüchtete. Rechnest Du dazu noch ganze Ketten von Frankolinen und Perlhühnern als jagdbares Wild, auf das ich jedoch heute nicht knallen wollte, so siehst Du, daß schon „was da ist". Die Jagd ist nur eben hier sehr schwer, da man absolut nicht vorher weiß, wo das Wild steckt, wann und wohin es wechselt, und gewöhnlich beim Durchgehen durch das Dickicht unversehens darauf trifft. Glückt es dann einmal, so biniren wir echt afrikanisch, wie neulich, wo Kaiser eine große Antilope, und unser eingeborener Oberjägermeister (er führt den schönen Namen Baruti oder Pulver) eine Giraffe geschossen hatte, und wir von Antilopenbeefsteaks und Giraffenklops lebten, beides übrigens trotz mangelhafter Zuthaten ausgezeichnet.

.... Hieße doch die Parole der Ornithologischen Gesellschaft: „Nächstes Jahr Ort der Jahresversammlung Kakoma." Ich wollte mich schon nicht lumpen lassen und die Honneurs mit ein paar sehr netten ornithologischen Vorkommnissen machen! Nicht uninteressant wäre es auch vielleicht gewesen, die Luderhütte zu besuchen, die wir uns nach echter Jägerart in der Nähe angelegt haben, und für die zwei schöne Maskatreitesel die leider nur zu edle Lockspeise abgaben, als sie uns beide in einer Nacht gefallen waren ober vielmehr durch einen mitleidigen Revolverschuß erlöst werden mußten, als sie keuchend in ihrem Stalle lagen. Meine alte brave Schimmelstute ist allein noch am Leben, aber sie erschien mir in ihrer erschreckenden Magerkeit wie das ruhelose Gespenst eines Droschkengauls, als sie sich heute Nacht losgemacht hatte, rumorend und grasausraufend um mein Tembe strich, und ich sie, heraustretend um zu sehen was es gäbe, trübe bei trübem Lichtschein betrachtete. Ja, Fieberluft und Tsetsefliege, wie reimt sich das zusammen! Nun also, kurz und gut, die Leichen wurden herausgeschafft, und bald lagen ein geschopfter Adler, ein Helotarsus im Jugendkleide und ein Neophron pileatus auf meiner Strecke. Die zweite Beute freute mich, weil dem Gaukler ja schwer anzukommen sein soll; ich schoß ihn sogar mit Hasenschrot und kam fast ganz ohne Deckung an ihn heran. Geier gab es nachher, als erst das Parfum ein bischen lebhaft wurde, genug, ich gab mir aber keine Mühe weiter, die ebenso nützlichen, wie für die Sammlung ganz werthlosen Vögel zu schießen. Leider kam kein alter ausgefärbter Gaukler zu Schuß, die den Platz auch häufig frequentirten, da diese Art ganz regelmäßig auf Aas geht, was noch angezweifelt zu werden scheint. Ebenso gern hätte ich einen der ganz kolossalen Schopfadler geschossen, die ich in der Nähe aufbäumen sah.....

Du schreibst, ich fehlte Dir bei den Ausflügen, deren wir so viele hübsche selbander gemacht haben. Ich danke für diese Schmeichelei und gebe sie Dir zurück; glaube mir, alter Junge, ich wünschte oft, wir strichen hier miteinander durch Wald und Sumpf, wir sähen zusammen den Ziegenmelker in der Morgendämmerung um uns herumhuschen, freuten uns über den tiefen Lockruf des Trauerwürgers, die glupigen Augen der hiesigen kleinen Eule (Athene capensis?), über das komische Gebahren des Elsterwürgers, die bizarre Gestalt von Buceros und quälten uns dann zu Hause gemeinschaftlich ab, irgendeine höchst lumpige Drymoeca oder Phyllopneuste oder ähnliches Zeug zu bestimmen!....

Die Wüste hat mich denkträge und schreibfaul gemacht. Berichte und Beschreibungen bleiben mir in der Feder stecken. Da sitze ich und kaue an dem Federhalter und kann keinen vernünftigen Satz aufs Papier bringen und schmiere ein paar Phrasen und springe auf und nehme mein Gewehr und laufe in den Puri. Hier habe ich dann zwischen Kigelia, Bombax und Mimosa gräßliche Gewissensbisse, bis ich den Flug großer Gänse eräuge, dem man absolut nicht ankommen kann, oder jenen Piepmatz höre, der in der Luft, augenscheinlich mit Schwung- oder Steuerfedern, schnarrt wie eine Becassine, den man aber nie, wissentlich wenigstens, sitzen sieht.....

Uebrigens ist es wirklich lachhaft, was man alles von der Billigkeit des Lebens in Innerafrika und der Harmlosigkeit seiner biedern Bewohner gefabelt hat, die für ein paar bunte Perlen die Schätze Indiens, oder vielmehr Afrikas, anschleppen. Die Schufte betrachten hier den Europäer als die Ziege Walhalls mit dem ewig vollen Euter und verlangen oft ganz exorbitante Preise. Hier ist z. B. kein Mensch für weniger als 1 Upanbe = 4 Armlängen Zeug, was hier etwa dem Werth von 2 Mark entspricht, zur Tagesarbeit zu bekommen und dabei wird von Feld- und Häuserbau geträumt.

---

14. An seine Mutter.

Kaloma, 21. Februar 1881.

Gestern Mittag saßen wir gerade beisammen bei einem Thonkruge des einheimischen Pombe unter der Veranda meiner „Giftbude", als sich unerwartet die Mtamathür unsers Gehöfts öffnete, und unter Vorantritt des Tarischi oder Kuriers einige schon längst erhoffte Msigos mit Cognak, Cigarren, diese eine freundliche Beisteuer von Reichard's Vater, einem Gewehr u. s. w. und mit diesem auch die eigentlich schon seit lange fällige Post erschienen, welche letztere mir zu meiner größten Freude eine ganze Anzahl lieber Briefe brachte. Ich will hier gleich bemerken, daß der fehlende Brief von mir, dessen Ihr Erwähnung thut, von Simbaweni, der „Löwenstadt", datirt war. Dort übergaben wir alle Briefe einer nach der Küste gehenden arabischen Karavane, die aber sämmtlich, trotz feuriger Versicherungen des Führers, in den Orkus der Vergessenheit geworfen worden sind.

Die Regenzeit hat jetzt wieder etwas pausirt und damit der Sonne, die in diesen Monaten am heißesten scheint, auch sofort Gelegenheit gegeben, Sümpfe und Lachen auszutrocknen und der Landschaft den Anstrich allgemeiner Trockenheit und Wasserbedürftigkeit zu verleihen. Neuerdings hat es aber wieder einige mal gegossen, und so ein einziger tropischer Regen bringt mit einem Schlage zu Stande, wozu unsere kleinen Spritzer Monate gebrauchen. Die Vögel beginnen zur Brut zu rüsten: die Feuerfinken, die sonst sperlingsartig graubraun im Grase herumhüpfen, haben ihr brennendrothes und sammtschwarzes Prachtkleid angethan und fallen wie ein leuchtender Funkenregen in die aufschießenden Mais- und Mtamapflanzungen ein, der Paradiesfliegenfänger schwänzelt mit lang herabhängender Federschleppe um sein Weibchen herum, schillernde Honigsauger und lärmende Perlhühner treiben sich zu Paaren in den Savannen umher. Meine Hauptzeit verwende ich auf Beobachten und Sammeln der hiesigen Vogelwelt, und es gibt für mich keinen größern Genuß, als morgens mit meiner kleinen Flinte durch die duftenden Büsche zu streichen, um den winzigen in ihnen herumschlüpfenden Kerlchens nachzustellen, mittags auf den glühend heißen Feldern den prachtvoll bunten Bienenfresser im schwalbenschnellen Fluge um die trockenen Bäume schießen zu sehen, oder in der Hütte, die wir uns zu diesem Zwecke gebaut, beim Aase auf Geier und Adler zu passen. In letzterer habe ich neulich leider mehrere Abende bei der Leiche unsers besten Esels, meiner armen Stute, auf Hyänenanstand lauern können, da auch diese, wie ihre Collegen, dieser bösen Welt und namentlich den innerafrikanischen Stechfliegen Valet gesagt hat. Schade, daß ihr Tod mir gar keinen Nutzen brachte, denn die Hyänen sind hier viel klüger und scheuer als ihre Verwandten in Ugogo. Vergebens saß ich und sah in den trüben Mondschein und hörte auf das Geschnarr der Ziegenmelker, es wollte keine dunkle Gestalt in dem wohlbekannten, häßlichen Zockelgalop auf der Wiese erscheinen, wo der arme Schimmel seiner afrikanischen Bestattung entgegensah: nichts kam als unzählige Moskitos; war ich aber dann gewichen und heimgepilgert, so tönte das tief und dumpf beginnende, mit lautem, gierigen Aufjauchzen endende Geheul durch die Nacht, und war ich wieder an unserm „Luderplatze", verzeih' den Jägerausdruck, angekommen, so war dann so ungefähr die Hälfte skeletirt oder überhaupt verschwunden. Es ist förmlich unheimlich, die Schnelligkeit zu sehen, mit der diese Bestien mit unglaublichen Quantitäten sehr wenig appetitlicher Nahrung fertig werden. Die andern Raubthiere halten sich ferner, nur gedämpft kommt in der Nacht dann und wann das Brüllen eines Löwen aus der nebeligen Waldung; auch haben wir neulich die Fährte eines Panthers gefunden.

Hat man morgens gute Beute gemacht, und steht die Sonne scheitelrecht über dem Kopfe, so ist es sehr gemüthlich, nach Hause zu kommen, wo die Collegen schon mit dem Mittagessen beginnen wollen, das sich zwar meist durch merkwürdige Einförmigkeit auszeichnet, aber dem mit gutem Appetit Heimkehrenden doch äußerst willkommen ist. Freilich wird die Ausbeute des Zoologen von den andern großentheils mit sehr verächtlichen Blicken betrachtet: „Wie kann man nur so «abscheuliche» Vögel nach Hause bringen!" ist stehende Redensart geworden. Weit lieber wird gesehen, wenn die Jagdtasche eine schwere Gans oder ein paar Wildenten birgt, die hier von ganz ausgezeichnetem Geschmack sind.

Unser Daheim hatten wir durch eine kleine Menagerie belebt, welche aus drei Meerkatzen, einem alten, einem jungen und einem ganz kleinen Aeffchen, dessen Mutter ein Dorfhund niedergerissen hatte und das noch gefüttert werden mußte, einem jungen Pavian, einer jungen Antilope und einem Falken bestand. Leider sind uns der ganz kleine Affe, der Pavian und die Antilope verendet, der zweite augenscheinlich infolge des sonderbaren Ereignisses, daß ihm eines Morgens seine beiden, sehr anständigen Ohren radical vom Kopfe abgesäbelt waren. Ob diese Unthat nun von den Ratten, die allerdings das Unmögliche leisten und selbst die Hornbügel der Gewehre annagen, oder als irgendein gemeiner Streich ausgeführt worden ist, bleibe dahingestellt. Obgleich nun kaum anzunehmen, daß der kleine bissige Kerl sich von den Langschwänzen so ruhig hat annagen lassen, so ist das zweite auch nicht recht glaubhaft, da wir bisjetzt mit den Orts=

bewohnern im ganzen recht gut ausgekommen sind. Einem oder dem andern unverschämten Kerl ist wol der Zutritt zu unserm Gehöft verboten worden, aber im allgemeinen werden freundschaftlichste Beziehungen unterhalten; man kommt und geht, um sich nach unserm allergnädigsten Befinden zu erkundigen, auch trifft wol dann und wann ein freundnachbarliches Geschenk in Gestalt eines Topfes voll frischgebrautem Pombe oder eines Büschels reifer Bananen ein. Das sind indeß ziemliche Danaergeschenke, da eine Erwiderung gewöhnlich nicht umgangen werden kann. Komisch ist es, wie schnell man sich an die schwarzen oder braunen — es kommen hier sehr viel Farbenabstufungen und Gesichtstypen vor, und nichts ist falscher, als sich den Afrikaner stereotyp als den bekannten Bilderbogenneger vorzustellen — Fratzen all der werthen Herren gewöhnt. Es kommt mir jetzt, wenn ich mit Herrn Makoa, Makkajula, Paramoto u. s. w. zu thun habe, nicht anders vor, als wenn ein Geschäft mit Herrn Meyer oder Schmidt abzumachen wäre. Häufig kommen Leute von weit her, um sich die Weißen anzusehen, deren Absichten und Beschäftigungen wol allen ein ewig unlösbares Problem bleiben wird, wenn sich ein Mnjamwesi überhaupt über dergleichen Gedanken macht. Allerlei Geräthschaften, deren Zweck natürlich auch gänzlich unfaßbar, werden dabei gebührend angestaunt. Man denke sich aber auch die Erstarrung eines braven „fundi ja miti", zu deutsch Tischler (wenn man einen ganz unglaublich dummen und begriffsschweren Kerl so nennen will, der mühsam mit seiner primitiven Axt die Baumstämme zu schweren, klobigen Bretern und Pfosten behackt), wenn z. B. harmlos eine Weckeruhr vor ihn gesetzt wird, die während des besten Gesprächs urplötzlich von selbst losrasselt; natürlich hält er dieses Ding für eine „Dhaua" oder „große Medicin", wie die Indianer sagen, und traut ihm die größten Zauberkräfte zu. Uebrigens erregen auch ganz gewöhnliche Dinge, sogar unsere Thiere, allgemeine Auf-

4*

merksamkeit; der kleine, männliche Affe, Namens Aujust, ist aber auch so rasend komisch, daß man sich oft vor Lachen wälzen muß.

Seit einiger Zeit besteht unsere militärische Bedeckung wieder fast nur aus den drei alten Getreuen, eine richtige Krähwinkler Landwehr, da sich die mit uns hergekommenen Ascaris von Anfang an ziemlich anmaßend benahmen, sich dann weigerten, für uns Reis zu reinigen oder dergleichen Arbeit zu thun, wonach sie laut des mit dem Indier Sevua abgeschlossenen Contracts verpflichtet sind, und als wir darauf bestanden, andernfalls aber keinen Poscho (Unterhaltungs= gelder, welche abgesehen von dem monatlichen Sold von 1½ Dollar pro Mann in Zeugen bezahlt werden) geben woll= ten, sämmtlich bis auf einen abzogen. Obgleich es nun im allgemeinen weit besser ist, wenn diese krakehligen Wangwana von der Suaheliküste mit ihren Weibern, derentwegen es ewig Streit gibt, fern sind, und wir uns mit 15—20 Mann doch nicht gegen einen etwaigen ernstlichen Angriff verthei= digen könnten, so würden sie doch eventuell die Belästigungen durch kleine Ruga=Ruga=Trupps verhindern. Reichard und Kaiser haben sich während meiner Abwesenheit nur mit Mühe eines solchen entledigen können, da auf die Ortsbewohner in keinem Fall zu rechnen ist. Vielleicht bekommen wir später eine Anzahl Beludschen von der Küste, die zwar principiell nicht die geringste Arbeit thun, sondern den ganzen lieben langen Tag schlafend, plaudernd, träumend oder ihre vor= geschriebenen Gebete verrichtend unter der Veranda der Häu= ser zu sitzen pflegen, die sie zu behüten haben, dafür aber sehr zäh, wachsam und tapfer sind. Vorläufig müssen wir aber sehen, wie wir uns durchhelfen.

Wenn ich in Euern Briefen, in denen mich auch das Kleinste äußerst interessirt und erfreut, von Diners, Routs, Theatergenüssen und sonstigem Getriebe der Großstadt lese, so liegt mir das alles schon wie „weit in nebelgrauer Ferne!"

Hier im Hinterwalde ist ja davon keine Spur zu finden: das einzige gesellige Vergnügen besteht in nächtlichen Tänzen, welche zum einförmigen Schlage der großen, mit Zebrafell bezogenen Trommel von den Frauen und Mädchen des Dorfes ausgeführt und mit eigenthümlichen, melancholischen Gesängen begleitet werden und deren Bewegungen zum Theil sehr sonderbar sind. Zuweilen führt wol auch eine Horde Krieger, die irgendwo zu einem der nie ruhenden innerafrikanischen Raub- und Mordzüge eilen, ihre Kriegstänze auf, die bei dem Scheine einiger glimmenden Feuer oder den Blitzen eines heraufziehenden Gewitters eigenthümlich und malerisch genug aussehen. Die Tage sind kurz, die Zeit vergeht schnell, und ich bedenke manchmal mit moralischem Katzenjammer, was man schon alles thun wollte und wozu einem doch noch keine Zeit blieb.

Nun sind wir ja bald ein Jahr „draußen!"

---

15. An seinen Onkel Stadtgerichtsrath Schulze-Rößler.

Kakoma, 28. März 1881.

.... In wenig Tagen feiern wir nun das Jahresfest der Expedition und wir sind schon keine Neulinge „im Busch" mehr. Schnell genug ist die Zeit hingegangen, obwol fast jeder Tag neue und fremdartige Eindrücke in Menge brachte. Einen flüchtigen Blick haben wir in die reiche Natur Italiens und Unterägyptens, in die wilden und öden Fels- und Sandwüsten um das Rothe Meer und längs der Somaliküste geworfen, im tropisch üppigen Sansibar bei Europäern, Arabern und Indiern Gastfreundschaft genossen; monatelang sind wir durch Wälder, Wüsten und Wildniß, über Gebirge und Ströme gezogen, haben unser Lager bald in Palmenhainen, bald in sterilen Geröllfeldern aufgeschlagen, mit all den wilden Wa=Stämmen, den Wasuaheli, Wasaramo, Wasagara, Wagogo, Wakimbu, Wanjamwesi und Wagalla, verkehrt, respective Streit gehabt, bei den vornehmen Arabern in Tabora, nach langem Entbehren culinarischer Genüsse, ausgezeichnet binirt (natürlich nur mit den Händen und Sitz à la turque), um endlich hier im Walddorf des alten Häuptlings Lavago Hütten zu bauen. Manches habe ich dabei gesehen, was unter den civilisirten Verhältnissen Europas greulich erscheinen würde. Ich sah die fratzenhaft verzerrten Häupter und die abgehauenen rechten Hände reihenweis an hohen Stangen vor den Tembes der Häuptlinge aufgestellt, an den Beinen aufgehängte Räuber, die Knochen= und Aschenreste verbrannter Zauberer, sah die Träger vor Hunger und Entkräftung sterben, die von den in unserm Lager ausgebrochenen Blattern Befallenen, jener Geisel Afrikas, in Zuckungen auf dem glühendheißen Boden zusammenstürzen, während der Fuß der Folgenden achtlos über sie wegschritt. Bei den letzten Resten der Expedition des unglücklichen Penrose bin ich vorbeigezogen, während uns selbst ein bevorstehender Ueberfall des Räuberhäuptlings Nyungo gemeldet war; ich habe die zum Tode Verwundeten auf der Bahre, mit heraushängenden Eingeweiden, ihr eintöniges „ata kúfa" (ich muß sterben) stöhnen hören und zwischen scheußlich verstümmelten Leichen von Männern, Frauen und Kindern in dem an allen Ecken brennenden Tembe des Häuptlings von Mbaburu, das die Ascaris der vereinigten belgischen und deutschen Expeditionen genommen hatten, geschlafen.

Hier inmitten der Bananenplantagen, der Mais=, Reis= und Mtamafelder des Dörfchens scheint es friedlicher auszusehen, aber es ist auch hier immer nur die Ruhe auf einem in Thätigkeit stehenden Vulkan. Jetzt wieder gärt es ringsherum. Der französische Vertreter der Firma Sevua, Sergère & Comp. hat aus Tabora fliehen müssen, da ihn die

Araber, wol hauptsächlich wegen der Concurrenz im Elfenbeinhandel, los werden wollten und ihm den Krieg erklärt haben. Die Wälder zwischen hier und Tabora sind voller Ruga=Rugas (eine Bezeichnung, die nicht ganz von unserm Wort „Räuber" gedeckt wird, sondern auch den Begriff „Waldläufer" oder ähnliches in sich schließt), mit denen unsere Soldaten ein Scharmützel zu bestehen hatten, und Mirambo, der gefürchtetste Räuberfürst Ostafrikas, dem seine Zauberer prophezeit haben, er müßte in dem Jahre, in welchem er das Kriegsbeil vergrabe, sterben, ist wieder auf dem Kriegspfade gegen eine Ortschaft des Nachbarlandes Ugalla, und die Befürchtung liegt nicht fern, daß er auch einmal über unser Gonda herfallen wird, da es in seiner nicht weit von Tabora gelegenen Stadt Urambo mit Nahrungsmitteln schlecht bestellt sein soll. Auch ist der Ort, in dem im vorigen Jahre die beiden Engländer Carter und Cadenhead nach mörderischem Kampfe mit Leuten des Räuberhäuptlings Simba fielen, nur etwa ein bis anderthalb Tagemärsche von hier entfernt.

Um Dir in kurzen Worten ein, wenn auch sehr unvollkommenes Bild von der Natur des von uns durchzogenen Theils von Ostafrika zu geben, so muß ich vor allem betonen, daß tropischer Vegetationscharakter nur sehr selten und zwar immer im Anschluß an die Wasserverhältnisse an einigen Flußläufen und in tief gelegenen Niederungen auftritt. Der Wald, welcher das Land zum größten Theil bedeckt, ist ziemlich dürftig, eintönig und ohne starke Stämme; nur die schirmdachförmigen Mimosen, Tamarinden, die Kigelia mit ihren wie an langen Stricken herabhängenden Wurstfrüchten geben ihm afrikanischen Anstrich. Häufig geht dieser „Puri" in den noch einförmigern „Ngo" über, mit einzelnen Baumgruppen bestandene Ebenen. Ugogo, von den wasserlosen oder doch wasserarmen Wildnissen der Marenga=Mkali und Mgunda=Mkali eingeschlossen, hat höchst eigenthümlich weite nackte Strecken mit rother Ockererde, die

unter der scheitelrecht stehenden Sonne förmlich leuchtet, mit
verkrüppelten Dorngesträuppen und einzelnen mächtigen Granit-
und Trachytblöcken bedeckt. Das Gebirgsland Usagara, mit
seinen bewaldeten Kuppen und Thälern voll fruchtbarer Wiesen und Felder, macht den Eindruck der Südschweiz. Zuweilen übt in solchen, europäischen Landschaften sehr ähnlichen
Scenerien die afrikanische Staffage wahrhaft frappirend; die
Trupps wilder, mit phantastischem Schmuck behängter, zum
Theil bis auf ein kleines, die Schultern bedeckendes Fell ganz
nackter schwarzer Krieger, Affenbanden, Papagaien und Nashornvögel wollen in diesen Rahmen gar nicht recht passen.
Einen um so prächtigern und wirkungsvollern Gegensatz bilden dafür einzelne Uferlandschaften, wie des Kingani unfern
der Küste oder die des zehn Marschstunden von unserm Home
entfernten sogenannten Gombe (eine auf den Karten von
Cameron und Stanley angegebene Bezeichnung, die hier wenigstens niemand kennt). Hier umsäumt düstere, zum Theil undurchbringliche Urwaldung die stillen Fluten, hier schlingen
Lianen und Schmarotzerpflanzen mächtige Festons von Baum
zu Baum, hier ragen riesige Borassus- und Federpalmen, hier
ist afrikanische Wildniß! Das ungeschlachte Flußpferd wälzt
sich im Schlamm, Krokodile lauern auf Beute, Wasservögel
aller Art, Größe und Form beleben die Ufer und die Ober-
fläche, grotesk gestaltete Fische das tiefe Wasser. Aber auch
in trockenen, fast öden Gegenden finden sich die charakteristisch-
sten Vertreter afrikanischer Fauna. Am Tscheiasee, einem fast
ausgetrockneten Sumpfe in der Mgunda-Mkali, wo leider
zum Jagen keine Zeit war, zogen die Zebras heerdenweise
vorüber, vermischt mit Straußen und großen Antilopen; im
Walde ringsumher war alles voll Elefantenfährten. Als
Reichard und ich neulich zum Gombe zogen, kam bei dem in
öder Savanne aufgeschlagenen Lager, leider als ich gerade
abwesend und Reichard in vollem Fieber darniederlag, ein
kolossales Nashorn vorbei, was letzterer, infolge seines Fie-

bers, verfehlte. In diesen weiten Grasebenen halten sich auch hauptsächlich die Giraffen auf. Bei ihren monströs langen Hälsen und der fast ganz fehlenden Deckung sind sie äußerst schwer zu beschleichen, wie es noch neulich mir und einem einheimischen Jäger trotz endlosen Kriechens im nassen Grase nicht möglich war, an ein Rudel von 20—30 Stück heranzukommen.

Die klimatischen Verhältnisse sind natürlich eben afrikanisch, d. h. man muß sich von Zeit zu Zeit auf ein, einige Tage dauerndes, mit Chinin zu bekämpfendes Fieber gefaßt machen, das freilich unterwegs, wo es heißt, ohne Gnade in der glühenden Sonne zu marschiren, bei der Todesmattigkeit, die damit verbunden ist, geradezu zur Folter werden kann. Schlimmer sind perniciöse Anfälle, wie wir alle solche durchzumachen hatten, wo Besinnungslosigkeit, rasendes Deliriren u. s. w. eintritt. Auch Dysenterie kommt häufig vor; die belgische Expedition, die mit uns ins Innere ging, hat durch sie bereits ein Mitglied, Lieutenant de Leu, verloren, der krank in Tabora zurückgeblieben, nachdem er hier noch fast ganz erblindet, an dieser Krankheit leider kürzlich verstorben ist.

Unser Leben hat sich hier ganz gemüthlich gestaltet. Wir schalten und walten in unserm Gehöft, von dessen Bestand an lebendem Inventar das hiesige ungesunde Futter und die häufigen Stechfliegen leider bereits unsere drei theuern Maskatesel, die wir in Tabora kauften, und drei Rinder geraubt haben, zu welchen sich noch unser einziger Hund Babo, ein Beutestück aus Mbaburu, gesellte. Jeder geht seiner Specialbeschäftigung nach: Dr. Kaiser beobachtet seine Thermometer, Barometer, Anemometer, Hygrometer, seine Theodolithen und sonstige mystische Apparate, ich jage und sammle — am Tage unsers Jahresfestes hoffe ich unter anderm 365 Vogelbälge zusammen zu haben — und Reichard macht von seiner großen Geschicklichkeit in allerhand mechanischen Arbeiten zum

Wohle der Station Gebrauch. So hat er z. B. jetzt ein hübsches Rindenkanoe für die Wasserjagd auf dem Gombefluß gebaut, an dessen Ufer wir uns eine feste Jagdhütte erbauen lassen wollen.

Daß Herr von Schoeler bald nach Gründung der Station nach Deutschland zurückgekehrt ist, wirst Du wol längst erfahren haben. Hierzu bestimmte ihn einmal seine sehr angegriffene Gesundheit, hauptsächlich aber das Fehlen einer ausfüllenden Thätigkeit, da die Verhältnisse hier ganz anders liegen als man es sich daheim vorstellte.

---

16. An Frau von Dewitz, geb. Freiin von Maltzahn.

Kakoma, 30. März 1881.

In kurzem ist es nun ein Jahr her, seit ich von Ihnen, gnädige Frau, auf dem Bahnhofe Abschied nahm. Mehr als sonst in einem Jahrzehnt habe ich seitdem erlebt, und nachdem zuerst, der bekannten Regel zufolge, die Wochen wie Monate erschienen, ist schließlich die Zeit im ganzen schnell genug vorbeigezogen. Die erste Lehrzeit „im Busch" liegt hinter uns, schon beginnt das bisher Neue, Ungewohnte zum Geläufigen, Alltäglichen zu werden, das früher Vermißte, in frischer Erinnerung Stehende, allmählich in den Hintergrund zu treten. So wird man denn in der Wildniß wahrhaftig zum Wilden, der, geistige Anregungen nicht entbehrend, selbstzufrieden seine Tage hindämmert.

> Nicht neid' ich der Welt ihre Wonnen
> Noch allen neunfarbigen Dunst,
> Still liegen und einsam sich sonnen
> Ist auch eine tapfere Kunst.

So oder doch ähnlich singen schon die Lieder Scheffel's, und dieses Gefühl wird auch hier lebendig, wenn man, die Büchse über den Knien unter einer dürftig schattenspendenden Mimose in der sonnendurchglühten Boga, der grasigen Buschsavanne, Rast hält, nachdem man schon seit dem ersten Morgengrauen umhergeschweift, ohne glücklicherweise einer menschlichen Seele zu begegnen. Seitdem ich wieder nach unserer Station zurückgekehrt bin, hat das Trapperleben einen ruhigen und gleichmäßigen Gang angeschlagen, und die Tage verflossen so ziemlich der eine wie der andere. Jeder geht seiner Thätigkeit nach; unser „Stern" (Dr. Kaiser) hat einige urwüchsige Stamm- und Lehmhütten mit in ihrer rauhen Umgebung komisch genug aussehenden zierlichen Instrumenten behangen, mit denen er über Wind und Wetter, Hitze und Regen, Magnetismus und Elektricität Controlbücher führt, und irrt selbst in finsterer Nacht alle zwei Stunden wie eine arme Seele mit einer Blendlaterne vom Hygro- zum Anemo-, vom Baro- zum Thermometer. Nebenbei kann er bei dieser Beschäftigung vielleicht den Besuch nächtlicher Gäste constatiren, wie neulich, wo eine Hyäne eingebrochen war und ihm die zum Trocknen ausgespannte Decke einer kürzlich erlegten Antilope geraubt hat. Ich laufe durch Dick und Dünn besonders den befiederten Bewohnern von Wald und Sumpf nach und errege heftige Mißbilligung bei den Collegen, wenn ich mit einer Reihe brauner und grüner Piepmätze zurückkehre oder die geschossenen Frankoline auf den Präparirtisch statt in die Küche wandern lasse. Reichard ist dagegen besser um das Gemeinwohl verdient, er ist berühmter Gans- und Entenjäger geworden, deren Braten hier, wo es, wenn auch nicht toujours perdrix so doch toujours kuku, d. h. ewigen Hühnerbraten gibt, angenehme Abwechselung bietet. Jetzt eben hat er unter Assistenz zweier sich möglichst ungeschickt anstellender Rindenschneider unserer Residenz ein hübsches Rindenkanoe fertig gestellt, mit dem wir auf dem Gombefluß umherfahren, fischen und jagen wollen. Wir haben neulich

diesen prächtigen, leider 10 Marschstunden entfernten Urwald=
fluß, dessen Lauf noch ganz unbekannt ist, auf wenige
Tage besucht, welche nur einen flüchtigen Einblick in die
reichen Schätze seiner Thierwelt gestatteten, unter denen
Rhinoceros, Büffel und Giraffe in nicht geringer Anzahl
paradiren, zumal die Masika die Gegend in einen großen
Sumpf à la Augrabenecke im Jvenacker=See zu verwandeln
begann, und mein Freund Reichard ununterbrochen an hef=
tigem Fieber litt, in welchem er zu seinem größten Aerger
selbst ein schußrecht vorbeikommendes Nashorn fehlte. Auch
ich habe in meiner Eigenschaft als Jünger St.=Huberti noch
immer nichts Rechtes zu Stande gebracht. Die Jagd auf
das kleine Gethier nimmt mich zu sehr in Anspruch, und die
Zeit, in der man resultatlos im Walde herumläuft, wenn
man auf Hochwild ausgeht, ist zu kostbar. Kommt man doch
so wie so viel weniger zum Arbeiten und Sammeln als
man gern möchte, wobei zum Theil wol das hiesige ungesunde
Klima und die mir sehr unsympathische Tag= und Nacht=
eintheilung Schuld trägt, bei der nämlich um 6 Uhr die
Sonne auf= und untergeht, während kurz vor= oder nachher
tiefste Dunkelheit herrscht. Auch entbehrt der hiesige Puri
(Wald) aller Reize, welche daheim selbst das zweck= und re=
sultatlose Bummeln im Walde so anziehend macht. Seine
ermüdende Eintönigkeit, der Mangel an starken Stämmen
und dichten Blättermassen, an jener reizvollen Abwechselung
von lichtem Hochwald, dichtem Stangenholz, von Waldwiesen,
Teichen und kleinen Wasserläufen, macht das Durchlaufen
dieser fast überall gleich breinschauenden, endlosen Bestände
von dürftig belaubten Bäumen zu einer geradezu langweiligen
Aufgabe. Am Gombe, wo das Wasser dem Boden eine viel
höhere Lebenskraft verleiht, ist das ganz anders, aber auch nur
unmittelbar an seinen Ufern, wo sich riesige Fächerpalmen
mit grotesken lianenverschlungenen Baumgruppen und unburch=
bringlichen Gebüschen vereinen. Hier fühlt man sich auch

wirklich in den Tropen, während in der Umgebung unsers
Dorfes, wie ja überhaupt im größten Theil der von uns
durchzogenen Strecke, nur sehr wenig daran erinnert.

Der Verkehr mit den hiesigen Eingeborenen hat sich im
allgemeinen recht gut gestaltet. Freilich sind wir für Dorf und
Umgebung eine, dem allgemeinen Glauben nach, unerschöpf=
liche Quelle von allerhand Reichthümern, namentlich der viel=
begehrten Baumwollenstoffe Sattini und Americano, die sich
seit unserer Ankunft in bisher ungekannter Menge über die
biedern Landbewohner ergossen und die übliche selbstfabri=
cirte dürftige Rindenbekleidung aus Kakoma ganz verdrängt
haben. Honoratioren sind noch mehr beglückt worden, und
der alte Häuptling ist früher wol noch nie in einem solch
herrlichen roth= und blaugestreiften, mit Goldfäden durchwirkten
Mantel umherstolzirt, mit welchem er jetzt paradiren kann.

Die allgemeine innerafrikanische Stupidität findet sich auch
hier unter den Wanjamwesi in glänzender Vollkommenheit.
Ja, sie sind selbst noch dümmer als sie scheinen, was bei pas=
sender Gelegenheit in staunenerregender Weise zum Vorschein
kommt. Als einer der besten Beweise für ihre Geistesgaben
möchte ich anführen, daß sie, ein Volk der exquisitesten Regen=
gegenden, noch nicht einmal regendichte Dächer über ihre Be=
hausungen anzubringen im Stande oder auch nur geneigt
sind. Zu trauen ist dabei dem Volke gar nicht und es ist
merkwürdig, wie bei ihrer scheinbaren Friedfertigkeit und
Feigheit Krieg, Mord, Verwüstung als etwas ganz Gewöhn=
liches und Natürliches gilt. Die in der Umgegend nicht
seltenen, von den anwohnenden Räuberfürsten zerstörten Orts=
stellen mit ihren melancholischen Trümmerresten einstiger
menschlicher Thätigkeit werden mit einem gewissen Behagen,
selbst mit Lachen gezeigt. Die Kunstfertigkeiten sind sehr
gering, das Wenige, was man an hübschen und sinnreich ge=
arbeiteten Geräthschaften sieht, kommt aus den Nachbarländern.

Der Ackerbau, der bei der tropischen Kraft des Bodens und

der entgegenkommenden Genügsamkeit der Nährpflanzen, welche zum Theil nur in Stücke gerissen und in den roh gelockerten Boden gesteckt zu werden verlangen, um weiter zu treiben, so wie so nur wenig erfordert, wird auf die primitivste Weise betrieben. Noth und eigentliches Elend ist natürlich unbekannt, wo die Sorge für Kleidung und Erwärmung überhaupt fortfällt und die Ernährung nur wenig Thätigkeit, sonst nichts, erfordert. Höhere ethische Begriffe fehlen selbstverständlich. Religiöse Vorstellungen scheinen sich auf „Dhaua", die „große Medicin" der Indianer, wozu die verschiedenartigsten und einfältigsten Dinge benutzt werden, auf eine ungewisse „Munga", wol eine Art bösen Geistes, zu beschränken. Ob die Wanjamwesi an ein Fortleben nach dem Tode glauben, ist mir noch nicht klar, doch scheint die barbarische Sitte, daß bei dem Tode einer der Häuptlingsfrauen eine Anzahl Weiber, bei dem des Häuptlings selbst, Männer und junge Mädchen mit dem Todten gebunden in die Grube gelegt und hier mit Speerwürfen getödtet, oder nach Aussage eines Augenzeugen auch leider nur halb getödtet und dann mit Erde bedeckt werden, weil es nicht gut sei, daß die Todten „peke jako", d. h. allein aus der Welt gingen, wenigstens an eine in frühern Zeiten lebendige Vorstellung von einem Fortleben der Seele hinzudeuten. Unsere Nachbarn, die kriegerischen Wagalla, scheinen noch mehr Ursprüngliches, Originelles an sich zu haben. Als wir auf einer Excursion in dem Orte Jtimbua übernachteten, erregten wir, wol die ersten dort einkehrenden Weißen, großes Aufsehen. Schon die bizarren Formen von Kopfputz und Haarfrisuren lassen hier den fehlenden Einfluß der von der Küste ins Innere führenden Handels- und Verkehrsstraße bemerken. Jetzt kommen oft Leute von dort, um uns Lebensmittel zu verkaufen, oder auch Tänzerinnen, die in mondhellen Nächten zum wüthenden Schlagen mehrerer mächtigen Trommeln, dem Rasseln der großen Schellen, mit denen sie behängt sind, und dem begleitenden Gesange der Corona die wahnsinnigsten Gliederzuckungen und Körperverdrehungen ausführen. Solche „Tänze", die mit vorschreitender Nacht immer innerafrikanischer werden, und allgemeines ebenso maßloses Pombetrinken sind die geselligen Vergnügungen des Hinterwaldes.

---

17. An seinen Großvater General von Meyerinck.

Kakoma, 22. Juni 1881.

Vor einigen Tagen mit Reichard vom Ugallafluß zurückgekehrt und das erste Stadium des nun einmal bei solchen etwas anstrengenden Excursionen obligaten Fiebers hinter mir, muß ich endlich einmal wieder an Dich einige Worte richten. Es waren Tage des urechtesten Waldläuferlebens, so recht nach meinem Geschmacke, und wäre nicht die dumme Geschichte passirt, von der ich weiter unten berichten werde, säße ich auch noch immer dort, um fürs erste nicht wieder abzuziehen, statt hier über die langweilige und öde Dürre von Feld und Wald zu trauern.

Der Ugallafluß, den Stanley auf seiner Karte als Gombe bezeichnet, ein Nebenstrom des in den Tanganjika fließenden Malagarasi, besteht eigentlich nur aus einem System von Seen und Wasserbecken, die erst in der Regenzeit miteinander in Verbindung treten und dann eine starke Strömung zeigen. Daher kommt es, daß der Fluß sich bald als schmaler Kanal durch die Uferurwaldung windet, bald ganz unter im Wasser selbst stehenden Bäumen und Büschen verschwindet und dann wieder breit und prächtig, so groß etwa wie der Rhein, dahin strömt. Mächtige Baumgruppen bauen sich hinter üppigen, weit über das spiegelklare durchsichtige Wasser hinragenden Büschen auf, umwunden und zuweilen erdrückt von den sogenannten

"Baumtödtern", behängt mit Lianen, stark wie dicke Taue, bewachsen mit dicken Klumpen großblätteriger prächtiger Schmarotzerpflanzen. Dazwischen stehen frischgrüne, zartgefiederte Phönixpalmen, auch einzelne Borassuspalmen mit mächtigen Blattwedeln, die im Winde laut rasseln und knarren. Wo der Fluß sich mehr und mehr verengt, begleitet und umgibt ihn ein Gewirr von Hinterwässern, Sümpfen und schilfigen Buchten, und hier erreicht der Pflanzenwuchs seine üppigste Entfaltung. Wie dicht geschlossene Hallen oder geradezu wie grüne Wände schieben sich die Büsche dazwischen, über welche eine prächtige blaurothe Windenart ganze Blütenmassen breitet. An andern Stellen treten aus den allmählich wieder fallenden Wassern weiße Sandbänke hervor, die Versammlungsplätze für zahlreiche, zum Theil kolossal große oder prachtvoll gefärbte Gänse und Enten, Reiher von verschiedenster Art und Größe, Störche, darunter die riesigen Mycterien, Ibisse, Taucher, Sporenkibitze, Schlangenhalsvögel, Massen von allerhand Wassergeflügel treiben sich am Ufer herum oder bäumen auf den in und am Wasser stehenden Waldriesen auf. Hoch oben thront der herrliche Flußschreiadler mit blendend weißem Kopf und Hals, zieht mit lauthallendem Geschrei seine Kreise in der klaren Luft, oder streift fischend über die Wasser. Hier wimmelt es von Fischen, unter welchen besonders riesige Welse, von denen wir mannslange gefangen haben, und eine prächtige, fürchterlich bezahnte Art, von der Größe außergewöhnlich starker Hechte, sich bemerklich machen und, hoch in die Luft springend, bis 20 Fuß Sätze machend, nach ihrer eigenen Brut jagen. Auf den Sandbänken sonnen sich mit weit aufgerissenem Rachen mächtige Krokodile von 3—4 Mannslängen und schnappen die Jungen fort, welche von den Brutcolonien der Wasservögel herunterfallen. Leider waren sie vor unsern Kugeln sicher, da die Tödtung eines Krokodils bei den Wanjamwesi als eins der schrecklichsten Verbrechen gilt, das von dem Häuptling mit

Tod und Zerstörung des Dorfes der Schuldigen bestraft wird. Der eigentliche Grund für diese sonderbare Verehrung scheint darin zu liegen, daß man das Krokodil für beispiellos giftig hält, und die Mtemi oder Häuptlinge fürchten, es möchte ihnen von ihren Feinden etwas davon ins Essen gethan werden! In den Baumgipfeln ziehen Affenbanden herum; schillernde Glanzstaare, Paradiesfliegenfänger und Honigsauger blitzen im Sonnenlicht; auf tiefern Aesten kriechen Waraneidechsen umher, welche die Größe eines stattlichen Mannes übertreffen, und flüchten erschreckt mit lautem Geräusch ins Wasser. Von den breitern Partien des Flusses her tönt Gebrüll und lautes Schnauben der Flußpferde, welche jählings auftauchend ganze Wasserfontainen in die Luft spritzen. Auch sie erreichen hier eine ganz enorme Größe und treten im Uferwalde Pfade aus, die zuweilen den Eindruck schmaler Thälchen machen. Die Jagd auf sie mußten wir auf spätere Zeit verschieben, wenn die Wasser nicht mehr in Verbindung stehen, da das Schießen auf sie jetzt nutzlos ist, indem tödlich getroffene sofort untergehen und stromabwärts schwimmen oder treiben, wo sie kein Mensch wiederfindet. Uebrigens sind sie ziemlich bösartiger Natur; mehrmals sind wir in unserm kleinen schwankenden Kahn vor ihnen geflohen, wenn sie pustend und schnaubend hinter uns her waren; einmal erhielt unser Boot, als Reichard und ich stromabwärts gefahren waren, einen mächtigen Stoß von dem Zahn einer unmittelbar neben uns auftauchenden Bestie, der einen tiefen Eindruck im Holz hinterlassen hat. Ein wenig weiter links und wir wären mit Boot und allem, was unser war, rettungslos in die Luft geflogen, was mit Kleidern und Wasserstiefeln nicht gerade zu den Annehmlichkeiten gehört hätte. Auch hätte uns vielleicht so ein alter Krokodilos zu seinem Mittagsessen auserkoren. Uebrigens haben wir uns um diese Herren, von denen so viele Schauergeschichten umgehen, kaum gekümmert und sind überall bis an den Leib im Wasser und Schlamm umhergewatet, mochte auch ihre Gegenwart durch den ihnen eigenen Moschusgeruch deutlich angezeigt werden. Die Waldungen und Savannen längs der Ufer sind reich an Wild. Von Antilopen gibt es eine ganze Menge Arten, darunter solche von der Stärke kräftiger Rothhirsche und noch bedeutend stärkere, massig wie Stiere, mit gelbbrauner, weißgestreifter Decke, straffer Hals- und Nackenmähne und mächtigem Gehörn. Giraffen von einer Größe, daß die in unsern zoologischen Gärten zwerghaft dagegen erscheinen, äsen rudelweise in den Savannen, und es ist ein ebenso sonderbarer wie prächtiger Anblick, wenn so 20—30 dieser Riesen in ihrem schweren Galop, der die Erde erzittern macht, in die Ebene herausdonnern, wobei sie in der Flucht stets in langer Front nebeneinander herspringen. Die Jagd auf Wassergeflügel, unter dem mir vieles neu war, nahm meine Zeit sehr in Anspruch, auch mußte man erst die Gelegenheiten für die stets sehr anstrengende Jagd kennen lernen, wo es durch Dick und Dünn, durch schrecklich verfilztes und verschlammtes Gras, durch Wasser und Sumpf geht, ganz anders als bei unserm civilisirten Pürschen auf angenehmen Pfaden und weichem Moos. Der Wildreichthum am Flusse lockt natürlich auch Raubthiere herbei; nachts hallte häufig das donnernde Gebrüll der Löwen um unsern Zaun, und auch morgens kam das Brüllen von zuweilen zwei und mehrern zusammen über die thaufrische Savanne.

Wir lebten hauptsächlich von dem Ertrage unserer Büchsen, aus Wald und Fluß, es gab Antilopenwildpret, Gänse, Enten, Perlhühner, Frankoline, Fische und Honig im Ueberfluß, und rings um unsere Hütte hatten sich unsere Leute mächtige Gestelle errichtet, auf denen sie ganze Vorräthe von Wildpret und Fischen räucherten. Die Wanjamwesi, die mit Reichard und Kaiser von hier abgegangen waren, circa vierzehn Tage ehe ich ankam, drängten aber trotz dieser Fleischtöpfe Aegyptens immer zur Heimkehr, da sie große Angst vor den Ruga-Ruga, namentlich vor den Leuten der berüchtigten Räuberhäuptlinge Nyungu und Simba zeigten, die in der That die dortigen Wälder unsicher machen; am 13. dieses Monats zogen sie auch, nachdem sie uns durch allerhand Schauergeschichten gelangweilt, wirklich ab, was uns sehr gleichgültig, unsern wenigen Leuten dagegen ein großer Schrecken war. Bald darauf kam der Muin-para (sozusagen der Adjutant) des Häuptlings des vier Marschstunden entfernten Wagallaortes Jtimbua mit einigen Leuten zu uns und berichtete den Unserigen, daß eine Bande des Häuptlings Nyungu von unserer Anwesenheit gehört und einen Ueberfall beschlossen hätte. Da wir sie mehrmals wegen ähnlicher Geschichten ausgelacht hatten, wagten sie anfangs nicht, uns dies zu melden, obgleich man ihren langen Gesichtern ansehen konnte, daß etwas in der Luft lag. Als nun aber wieder Wagalla ankamen, mit der Nachricht, die Räuber lägen schon in dem verlassenen Weiler, in dem wir bei unserer ersten Excursion am Flusse gelagert hatten, konnten sie nicht mehr an sich halten, und mein kleiner Boy Mabruki schüttete Reichard, als ich gerade auf der Jagd abwesend war, thränenden Auges sein übervolles Herz aus. Zu allem Schrecken kam noch der Umstand, daß Sururu, der Diener Reichard's, der mit den abziehenden Wanjamwesi nach Jtimbua geschickt worden war, um Salz zu kaufen, nicht zurückgekommen war und nach Aussage der Wagalla in Jtimbua von der Ankunft der Räuberhorde gehört und nach unserm Kakoma entflohen sein sollte. Zwar: „sisi tunapenda sana bana" (wir lieben unsere Herren sehr und werden nicht fortlaufen), aber wir sind nur noch drei Männer, meinte der kleine Schlingel, der im Walde unzertrennlich von einem meiner Gewehre war und sich entschieden mit zu den „Männern" rechnete. Diesmal konnte die Sache allerdings wahr sein, und es wäre geradezu Unsinn gewesen, einen Anfall von 40—50 Kerls abzuwarten, besonders da unsere Munition auf die Neige ging und wir schon nach Kakoma an Kaiser um Ersatz geschrieben hatten. So wurde denn wohl oder übel beschlossen, es war schon gegen Abend, daß gleich am folgenden Morgen ein Mann nach Jtimbua gehen solle, um von dort Träger zu holen und nach deren Ankunft sofort aufzubrechen. Waren die Räuber wirklich schon dort, wo sie nach Aussage der Leute sein sollten, so konnten sie uns freilich schon morgen früh auf dem Halse sein. In tiefster Dunkelheit klopfte es heftig an die verbarrikadirte Thür der Boma, Stimmen begehrten Einlaß, und wir dachten wirklich, es sei mindestens die Nachricht, die Ruga-Ruga kämen. Es war indeß Reichard's verschwundener Diener mit einem unserer Wanjamwesi. Ersterer war keineswegs ausgerissen, sondern bei seiner ganz unglaublichen Rennfähigkeit von Jtimbua aus bis in das Gebiet des berüchtigten Häuptlings Mirambo gelaufen, theils aus Lust am Herumstreifen, theils um sich nach einer Frau umzusehen, die dort „sehr billig" sind, hatte sich auch ein Frauenzimmer gekauft, von der er immer wieder rühmend erwähnte, sie sei „mkuba sana", sehr groß.

Uebrigens ließ uns der Häuptling von Jtimbua, dessen Freundschaft wir durch einige Rasirmesser und buntes Zeug erworben, noch einmal dringend auffordern, zurückzukommen, da ein längerer Aufenthalt am Flusse stets gefährlich sei. Am Nachmittag des folgenden Tages kamen unsere Träger glücklich an, nachdem die Angst unserer Leute ihren Höhepunkt erreicht hatte. Am nächsten Mittag waren wir in unserer Station. Als bemerkenswerth will ich noch erwähnen, daß die Temperatur während unsers Aufenthalts am Flusse in der Morgenfrühe bis auf 4—5° R. fiel. Die beiden Boote, ein Rindenkanoe und einen Einbaum, welche Reichard mit großer Geschicklichkeit selbst verfertigt hat, haben wir unter dichtem Gebüsch in den Fluß versenkt, wo sie hoffentlich von den Ruga-Ruga nicht entdeckt werden. In einem Monat will ich mit Dr. Kaiser wieder hin; dann wird wahrscheinlich das Wasser soweit gefallen sein, daß die Strömung aufgehört hat; zur trockenen Zeit soll auch die größte Wildmenge dort sein.

---

18. An seine Mutter.

Kakoma, 10. August 1881.

.... Ich bin immer dem Leben in der Wildniß geneigt gewesen und kann mich gar nicht wohler befinden, als wenn ich bei unserer Jagdhütte „Waidmannsheil" am Ugallaflusse abends am lobernden Feuer liege, an welchem Wildpret und Fische rösten, und das mit seinem hin- und herlobernden Schein bald die rings sich überneigenden Urwaldbäume, bald die wilden Gestalten einiger Wagallajäger beleuchtet, welche die Nacht innerhalb unserer Boma zubringen, wenn ich draußen den Mond auf dem Flusse glänzen sehe, und das dumpfe Gebrüll der Flußpferde mit dem einiger Löwen abwechselt, die von der Sandbank am jenseitigen Ufer verwundert auf den Widerschein unserer Feuer sehen. Aehnlich ist es mit andern Dingen, die hier landesüblich sind; gespießte Köpfe, verhungerte Menschen, Züge von skeletartigen abgemagerten, mit Ketten und schweren Gabeln aneinandergefesselten Sklaven werden zu etwas Gewohntem. Hier, wie überall, heißt es „ländlich — sittlich", und man darf dergleichen nicht mit europäischen civilisirten Verhältnissen vergleichen.

Um nun auf die neuesten Begebnisse hier zu kommen, muß ich etwas ausholen. Wie ich wol damals berichtet, verhielt sich der Häuptling des Staates Ugunda, Mlimangombe, bei unserer Ankunft mehr wie ablehnend, indem er uns aus seiner zweiten Residenz Simbile gelinde herausschmiß und später sogar das ihm geschickte Geschenk zurückwies.

Nach dem Abgang Schoeler's begannen wir mit dem von uns für richtig gehaltenen Princip, uns mit den Eingeborenen auf möglichst guten Fuß und in regen directen Verkehr zu setzen. Ich glaube, daß dies sehr gut wirkte; auch kann man ja nur auf diese Weise Sitten, Landesgebräuche, Charakter und Eigenthümlichkeiten der Eingeborenen kennen lernen. Der Erfolg zeigte sich zuerst in kleinen Dingen. Die Honoratioren kamen täglich, um ihr Jambo (Guten Tag) zu sagen und die Dorfneuigkeiten zu erzählen. Kam eine Karavane, so wurden wir gefragt, ob man sie hereinlassen solle oder nicht, wurde ein neues Thor ausgebrochen oder sonst eine Veränderung im Dorfe vorgenommen, wurden wir erst um Erlaubniß gefragt. Nun kann man sich wol vorstellen, wie der Hof zu Gonda, um den wir uns anscheinend gar nicht kümmerten, voll war von Klatschereien über uns, die wir natürlich als der Ausbund von Macht und Weisheit hingestellt wurden. Auch kam der Umstand hinzu, daß wir mehrere male im benachbarten Ugalla, wo wir uns unsere Jagdhütte errichtet, abwesend waren, daß wir nicht nur mit dem Ortshäuptling des Dorfes Itimbua Geschenke und Freundschaftsversicherungen wechselten, sondern Gesandte des Regenten von Ugalla nicht nur am Fluß sondern auch hier in Kakoma empfingen, welche mit Uebergabe der üblichen Geschenke uns dessen besonderer Freundschaft versicherten und aufs bringendste zu einem Besuch in dessen Residenz aufforderten. Mlimangombe mochte fürchten, wir könnten ganz nach Ugalla übersiedeln, und begann gelegentlich mit übersandten energischen Versicherungen, er sei sehr „rafiki jeta" (unser Freund). Unterdeß wurde der Zustand dieses durch ein wüstes Leben und beständiges Pombetrinken ruinirten Häuptlings, der schon bei unserer Ankunft in Simbile „fiebrig und schabab" war, wie Scheffel singt, immer bedenklicher, und es begann sich bei ihm die Wassersucht im höchsten Grade zu entwickeln. Schon wurde er für todt gesagt, und die beim Tode eines Mtemi regel=

mäßig eintretenden Erbfolgestreitigkeiten begannen mit dem Einfall eines Verwandten, wobei es einige Kämpfe setzte. Da sandten wir, während auch eine größere Anzahl Araber nach Gonba kam, denen für die Sicherheit des Handelsweges nach dem Tanganjika bangte, zugleich mit dem Abgeordneten von Kakoma unsern Akida und einen Soldaten als Ambassade nach Gonba, um gegen alle Unruhen ein Veto einzulegen, das auch sofort den gewünschten Erfolg hatte, zumal der Sohn des Ortsältesten von Kakoma in einem längern Speech mit dem eventuellen Eingreifen der Macht seines Ortes drohte, deren Hauptcontingent eben wir Europäer darstellten. Jetzt hielt es der. Häuptling, dem für Thron und Leben bangte, unter dem frischen Eindruck des von uns erzielten Effects, für die höchste Zeit, sich unserer Hülfe zu versichern. Während Kaiser und ich am Ugallaflusse waren, erschien eine officielle Gesandtschaft, welche einmal die Geneigtheit des Häuptlings, neue Geschenke anzunehmen, zart andeutete, dann aber uns geradezu zur Mitregentschaft aufforderte, indem wir bei allen Rathsversammlungen in Staatssachen mitmachen sollten. Da Reichard allein in Kakoma war, konnte er nicht sogleich nach Gonba gehen, versprach aber später zu kommen und übergab verschiedene Geschenke. Bald darauf erfolgte der Tod des alten Häuptlings, der zuerst, wie gewöhnlich, geheim gehalten und nur uns ganz im Vertrauen mitgetheilt wurde. Er wurde in aller Stille an einem unbekannten Platze begraben, und ebenso geheim wurden die üblichen schrecklichen Leichenfeierlichkeiten begangen, d. h. eine Anzahl junger Mädchen als Begleitung in ein, dem Volksbewußtsein schon fast verwischtes, besseres Jenseits mit ins Grab gelegt und dort per Flinte oder Wurfspieß getödtet. Die Nachfolgerin in der Regierung, die Schwester des verstorbenen Häuptlings, Discha, ging nun aber sofort viel weiter. Neue Gesandtschaften mußten die bringende Bitte überbringen, daß so schnell als möglich wenigstens einer von uns nach Gonba kommen und dort beständig bleiben solle, wozu sie zunächst zwei Tembe zur Verfügung stellte. Ferner wurde der Antrag der Mitregentschaft wiederholt und der bringliche Wunsch beigefügt, in Gonba die deutsche Flagge aufzuhissen, die bisher über Kakoma geweht hatte. Würden wir nicht nach Gonba kommen, so erklärte die Sultana, wolle sie nach Kakoma übersiedeln, um sich unter unsern Schutz zu stellen! Auf diese, durch mehrere Boten uns überbrachte Nachricht ging Kaiser sofort vom Fluß nach Kakoma zurück, während Reichard die Gesandten nach Gonba begleitete, um hier die Sache ins Reine zu bringen. In einigen Tagen war dies geschehen. In Uebereinstimmung mit ihren Großen wünscht die Sultana, daß wir in allen Rathsversammlungen als Mitregenten ihr zur Seite sitzen; es darf nichts Wichtiges ohne unsere Bewilligung geschehen, wir haben die Mitentscheidung über Krieg und Frieden, die Jurisdiction über Leben und Tod.

Unsere nunmehrige Uebersiedelung nach Gonba (zwei Tagereisen von hier und auf der Stanley'schen Karte als Mimangombe bezeichnet) konnte nicht mehr in Frage stehen, nachdem die Sultana einen größern Platz zur Errichtung des Stationsgehöftes, mehrere Tembe für unsere Leute, sowie Feld nach Wunsch zur Verfügung gestellt und der ganze Umzug sowie der Bau des Hauses umsonst durch ihre Leute bewerkstelligt werden soll.

Während nun Reichard nach Gonba geht, um sofort den Bau des schon im Plan entworfenen Stationsgehöftes zu beginnen, gedenken Kaiser und ich eine auf zwei Monate geplante Reise an den Tanganjikasee zu unternehmen. Kaiser wird noch vorher nach Tabora gehen, um dort die nöthigen Soldaten anzuwerben und zu sehen, ob wir uns der Karavane eines gerade dorthin gehenden Arabers anschließen werden oder nicht. Da ich nun noch, erst vorgestern zurückgekommen, Geschäftsbriefe an den Vorstand zu erledigen hatte,

Kaiser das neuerdings von mir Gesammelte nach Tabora mitnehmen soll und zugleich der Umzug beginnen muß, könnt Ihr denken, daß es enorm viel zu thun gibt! Kaiser und ich gedenken zuerst nach Karema zu gehen, um dort die Belgier zu besuchen (Kapitän Ramaecker und Lieutenant Becker, die mit uns zusammen ins Innere gegangen sind) und dann vielleicht bis Udjidji herauf zu fahren, falls Zeit genug da ist.

Beinahe drei Wochen war ich jetzt am Ugallafluß abwesend; es wurde mir ordentlich schwer, mich von dem herrlichen Fluß zu trennen, als Kaiser kam, um mich abzuholen. Ich habe viel geschossen, gesammelt und präparirt. Einmal stieß ich auf drei erwachsene Löwen, dabei ein altes Männchen mit prächtiger schwarzer Mähne; da ich ganz allein mit den drei Bestien nicht anbinden wollte, ließ ich sie ruhig vorüber. Sie hatten mich sofort geäugt, waren auch nur auf Büchsenschußweite von mir entfernt; der männliche Löwe stieg majestätisch auf einen großen Termitenhügel und äugte nach mir hin, worauf sie dann in aller Gemüthsruhe weiter trollten.

---

19. An seine Tante Frau Marie Brunnemann.

Kakoma, 19. August 1881.

.... Wie mir gleich ahnte, begannen auch mit unserm Eingreifen in die Politik des hiesigen Urlandes die Verwickelungen. Als Reichard nach Gonda kam, um dort mit der Anlage der neuen Station zu beginnen, fand er die edle Sultana nicht zu Hause, und es stellte sich allmählich heraus, daß sie aus Angst geflüchtet war, weil die Araber in Tabora ihr angezeigt hatten, sie würden ihr den Krieg erklären, falls wir uns in Gonda festsetzten. Reichard bat mich in dem sofort nach Kakoma gesandten Briefe, hierüber ein officielles Schreiben an das deutsche Consulat in Sansibar aufzusetzen, in dem der Consul ersucht wird, sofort beim Sultan Said Bargasch Aufklärung, respective Hülfe zu erbitten. Dasselbe wurde sofort von uns verfaßt, und Reichard's Diener Sururu, der ganz Unglaubliches im Rennen leistet, will es in 21, sage einundzwanzig Tagen zur Küste bringen. Natürlich geht er ganz geheim ab, denn wenn ein Wort davon hier verlautet, ist natürlich das Nächste, daß unser Kurier im ersten besten Puri durch eine wohlgezielte Kugel in ein besseres Jenseits expedirt wird und unser Schreiben spurlos verschwindet. Was nun erfolgen wird, liegt im Schose der Zukunft. Reichard schreibt noch, er habe der Sultana ein Ultimatum gestellt, das sie annehmen müsse; seitdem haben wir nichts weiter gehört, und Kaiser ist heute ebenfalls nach Gonda abmarschirt, sobaß ich vorläufig, den Dingen entgegensehend, allein in unserm greulich verwüsteten Gehöfte sitze, wo der Flaggenmast und die Windfahne umgestürzt am Boden liegen, Kisten, Kasten, Wust und Papiere chaotisch durcheinander gestreut sind und die Ungemüthlichkeit höchsten Grades in Permanenz erklärt ist. Dazu sitzt mir noch eine Riesenerkältung im Halse, nachdem ich den obligaten Fieberanfall nach der Rückkehr vom Fluß durch eine gehörige Dosis Chinin glücklich niedergezwungen habe.

Daß ich wieder einige prächtige Wochen in unserm „Waidmannsheil" am Ugallafluß verlebte, wirst Du aus meinen letzten Briefen erfahren haben. Ich habe mancherlei skizzirt und bei dieser Beschäftigung auch an Dich gedacht, sobaß sich also unsere Gedanken begegnet sein müssen. Freilich ist es damit hier ein etwas anderes Ding als daheim; zuweilen muß der Weg nach diesem oder jenem Punkte erst durch Waten in Sumpf und Schilf erkämpft werden, die treue Büchsflinte hängt neben der Tasche mit Zeichen- und Malbedarf stets über der Schulter; die fürchterlichen Tsetsefliegen machen das Stillsitzen zu einer Marter; dann muß man wieder, wie es mir neulich ging, eine mächtige Echidna, die giftigste und unförmlichste Schlange Afrikas, von dem Termitenhügel vertreiben, unter dessen Baumschatten man sich niederlassen will, und alle Augenblicke unterbricht man sich, um auf das Gebrüll der Flußpferde im Strom, auf das rauhe Schreien der Hagebasch-Ibisse oder das Geschnatter einer unweit einfallenden Sporengans zu horchen oder auch, wenn plötzlich das Schrecken einer zur Tränke kommenden Suara-Antilope hörbar wird, schnell den Stift mit der Büchse zu vertauschen. Ach, ich wollte, Du könntest Dich einmal dieser herrlichen Baumgruppen erfreuen, wie sie da an den Ufern des Ugalla und Kawala aufsteigen, Feder- und Fächerpalmen und riesige Laubbäume vermischt mit Lianen und blühenden Winden und von Ballen von Schmarotzerpflanzen bedeckt, umsponnen, ja oft erbrückt; ich wollte Du könntest es sehen, wie sich der glänzende Fluß durch die Uferwaldung hinzieht, wie er verschwindet hinter den dicht aufsteigenden Laubmassen, wie da weit über den Wasserspiegel geneigtes Gebüsch abwechselt mit der zartgefiederten Mimose, mit schirmdachförmigen Akazien, mit schön profilirten Kigelien, von denen die tiefpurpurfarbenen Blütentrauben herabhängen, mit Terminalien und Bombaxbäumen, mit graziösen Gruppen von Phönixpalmen oder der stolzen kerzengerade aufsteigenden Dulebpalme, deren riesige starre Fächerwedel im Luftzuge rasseln. Dazu die tiefe feierliche Stille über dem da und dort mit Nymphäen bedeckten Wasser, und dann wieder das melancholische Flöten des Orgelwürgers, der hallende Ruf des in der Luft kreisenden Singadlers oder das Kreischen und Rauschen, welches die panische Flucht einer Meerkatzen- oder Pavianbande in den Uferbäumen begleitet. Anderwärts wieder verschwindet der zu einem schmalen Kanal sich verengende Strom unter riesigen, brückenartig über ihn hingewölbten Stämmen, und der Kahn gleitet unter ein dichtes

Laubbach, welches die heiße Sonne durch die transparenten Blätter mit grünem Licht erfüllt, das von einem ununterbrochenen Chor der alle Büsche und Dickichte belebenden, metallisch gleißenden Glanzdrosseln ertönt, wo Vögel, die das echte Gepräge der Tropen tragen, Honigsauger, Paradiesfliegenfänger mit flatterndem Schweif und rothflügelige Helmkukuke umherschwirren, wo abends ein fast betäubender Duft, wie von Jasmin und Asclepias, von den blühenden Büschen ausströmt. Hier versagt der Pinsel vor einem grotesken Gewirr von Aesten, Luftwurzeln, Lianentauen, vor einer von hellgelb zu blauschwarz laufenden Nüancirung von grün jeder Art, vor einem steten Wechsel von Schatten und Lichtreflexen! Nur ein schmaler, zuweilen nur wenige Schritte breiter Saum längs des Flusses trägt diesen tropischen Charakter. Dahinter dehnt sich, halb versengt von der Sonne der regenlosen Zeit, da und dort geschwärzt von Grasbränden, die Savanne, die „Boga" der Wanjamwesi. Aber auch sie hat ihre großen landschaftlichen Reize, und zumal bei Morgen- und Abendbeleuchtung, wo dann die Sonne häufig als strahlenlose, rosenrothglühende Kugel in den von den Savannenbränden aufsteigenden Dünsten steht, ist die Energie der Farbengebung bewunderungswerth, wenn die einzeln über die Fläche zerstreuten, mächtigen Baumgruppen als tiefschwarze Silhouetten aus dem fahlen Grasmeer aufragen und der ferne Waldsaum, der das Bild begrenzt, in duftiges Kornblau gehüllt erscheint. Dazu denke Dir als Staffage eine über die Ebene galopirende Heerde Zebras oder die Riesengestalten einiger Giraffen, von deren abenteuerlicher Länge sich der gar keinen Begriff macht, der nur die verkümmerten Exemplare unserer zoologischen Gärten gesehen hat. Prächtig ist auch der Fluß abends bei Vollmondschein, wenn der Kahn eine silberglänzende Furche auf dem Wasser zieht, wenn die weißen Sandbänke wie Schnee schimmern, Nachtschwalben, nach den Myriaden tanzender Insekten jagend, über die Fläche hin-

huschen, Grillen und Cicaden vom dichten Uferwald her mit
schneidenden Stimmen ein klingelndes und hämmerndes Con=
cert aufführen, und dann das rothe Licht von den Wacht=,
Koch= und Röstfeuern innerhalb unsers Zaunes gastlich vom
Ufer herüberschimmert. Da liegt man dann gemüthlich am
Feuer in Gesellschaft einiger wild aussehenden, mit Federn,
Zebramähnen, Panther= und Servalfellen geschmückten Wa=
gallajäger und fühlt sich so recht in der Wildniß sein eigener
Herr, fern von allen Geschäften und Geschichten. Ich hatte
da öfters Gelegenheit, die schon zu Hause geübte Nachahmung
von Wildebeestergeschrei auszuführen, indem ich zum großen
Entzücken unserer Leute einigen Löwen antwortete, die vom
jenseitigen nahen Ufer her zu uns herüberbrüllten.

---

20. An Herman Schalow.

Kakoma, 22. August 1881.

Allein auf unserm Stationsgehöft sitzend, will ich auch
den heutigen Abend wie schon die vorhergehenden dazu be=
nutzen, um das Packet des nächstens von Kakoma zur Küste
zurückkehrenden Kuriers zu füllen und endlich einmal Dir
wieder ein Lebenszeichen von Deinem alten Strolchgenossen
zu senden. Ich hätte heute schon früher begonnen, mußte
aber heraus, um einen Streit zwischen unsern Leuten und
den Ortsbewohnern zu schlichten, der mit wüstem Geschrei,
Lanzenschwingen und einigen knallenden Flintenschüssen um
die düster qualmenden Feuer tobte, und zu dem selbst unsere
kleinsten Knirpse bis an die Zähne bewaffnet herausstürzten.
Es genügte übrigens, daß ich ein Weilchen im olympischen
Schweigen zwischen den in Fechterattitude sich gegenüber=
stehenden Parteien stand und schließlich schweigend wieder in

die Nacht verschwand. Dann mußte ich nochmals mit dem Knüppel zwischen unsere acht Affen fahren, die mir gefährlich unter einigen Spiritusflaschen herumfuhrwerkten, und besonders einem edeln Pavian einige kräftige Jagdhiebe über sein röthliches Hinterkastell ziehen. Jetzt endlich ist wieder Ruhe im Hafen.

.... Einen schwachen Versuch will ich jetzt machen, Dir in aller Kürze die Localität zu schildern, wo ich die jüngst erwähnten Vögel fand, und die ein ornithologisches Dorado genannt zu werden verdient. Dreimal war ich jetzt am Mtoja=Ugalla (Ugallafluß), den Stanley als Gombe bezeichnet, und den wir in zwei Tagemärschen (10 Marschstunden) zu erreichen pflegen, die letzten male auf zwei respective drei Wochen. Der Ugallafluß besteht eigentlich aus vielen, stromartig aneinandergereihten Wasserbecken und schmalen, gewundenen Kanälen, die nur zur Regenzeit, wo das Wasser dann mächtig steigt, durch zum Theil ganz enge Päße in Verbindung treten und sich dann in einem Gewirr von Buchten und Hinterwassern weit und breit in die benachbarte Waldung und Savanne hineinziehen. Dichte Uferwaldung umsäumt den Fluß fast überall; hier strömt er breit und prachtvoll zwischen herrlichen Baumgruppen dahin, die, sich als dichte Wände coulissenartig vorschiebend, seine Windungen verdecken, die von Lianen und Schlingpflanzen überwuchert und oft halb erstickt, von graziösen Phönix= und stolzaufragenden Borassuspalmen mit riesigen Fächerwedeln unterbrochen sind. Da windet er sich wieder als schmaler, dunkler, von Nymphäen halb bedeckter Kanal zwischen hohen Uferwänden hin, von denen sich die Bäume mit ins Wasser tauchenden Aesten herüberneigen, bort bildet er, namentlich wenn seine Fluten zurücktreten, Schilfinseln, Sandbänke und Landzungen, und dort schießt das klare Wasser als schmaler Durchlaß zwischen Büschen und Bäumen hindurch, die, im Bette selbst aufwachsend, seine ganze Breite einnehmen, und durch

welche der Kahn nur mühsam oder überhaupt keinen Durch=
weg findet. Denke Dir die von einem Ufer zum andern
gehenden Brückenbogen riesenhafter, grotesk knorriger Stämme,
auf denen dicke Haufen von Schmarotzerpflanzen wuchern,
denke Dir die dichten duftenden Büsche, zwischen welchen das
Wasser unter einer grünen Pflanzendecke versteckte Sümpfe
bildet, denke Dir lange, verschilfte Verbindungen und Lagunen,
spiegelklare Buchten und dann wieder den Strom, wie er
weit und silberglänzend durch die Waldungen hinströmt. Dir,
dem Ornithologen, brauche ich es nicht auszumalen, wie hier
namentlich das Wassergeflügel eine nichts zu wünschen übrig=
lassende Heimstätte findet! Ach, wie oft habe ich an Dich
daheim gedacht, wenn so die im Dunst der Savannenbrände
als rosenrothe, strahlenlose Kugel aufgehende Morgensonne
über die in Duft förmlich gebadeten, von einem wirren Chor
von Vogelstimmen erfüllten Büsche aufstieg, oder wenn ich
am heißen Mittag den breiten Flußspiegel entlang rudernd
auf das gellende Geschrei der Hagedasch=Ibisse, den tiefen,
melancholischen Ruf des Orgelwürgers lauschte, oder wenn
ich auf dem abendlichen Anstand Ketten und Trupps von
Enten, Gänsen, Reihern, Scharben, Schlangenhalsvögeln u.s.w.
stundenlang ununterbrochen stromab ihren Schlafplätzen zu=
streichen sah! An einem der günstigsten Punkte, da wo der
Strom, nachdem er lange als mäßig breiter Kanal durch den
Wald gelaufen, vermittelst einer Reihe zum Theil durch
Sanddünen eingeengter Durchpässe wieder in ein breites
Becken tritt, in welches sich ein kleiner Regenstrom, der von
Unjanjembe kommende Karaba, ergießt, haben wir uns unsere
von einer geräumigen Boma (Barrikadenzaun) umgebene
Jagdhütte „Waidmannsheil" erbaut, und hier liegen unsere
zwei Boote, ein Rindenkanoe und ein Einbaum, im Strome.
Wenn Du morgens an den in der Kühle dampfenden Fluß
trittst, hörst Du das Geschnatter der Höckergans (Sarcidiornis),
der Sporengans (Plectropterus) und der Baumgänse (Chena-

lopex) von den Sandbänken, siehst den Graufischer (Ceryle rudis) dicht vor Dir über dem Wasser rütteln, Schlangen=halsvögel da und dort auf den Uferbüschen sitzen, Wasser=hühner, Limnetes, Regenpfeifer, Rhynchaea und kleine Reiher am Ufer umhertrippeln. Nur wenige Minuten und der Kahn passirt bei einem umgestürzten Riesenbaume vorbei, auf dem die afrikanische Scharbe (Graculus africanus) eine reichbesetzte Nistcolonie angelegt hat; Ardea alba und andere Edelreiher haben auf Kigelien und Afzelien aufgebäumt, den Klaff=schnabel kann man fast mit dem Ruder schlagen, dann schreien und pfeifen der Schattenvogel (Scopus), Lobivanellus, Oedicnemus; der Kropfstorch (Leptoptilus), Kronenkraniche (Grus pavonina), der riesige Sattelstorch (Mycteria), Nimmersatt (Tantalus), Riesenreiher (Ardea goliath) stelzen gravitätisch in den Schilfdickichten umher. Hoch in der Luft schreit der prächtige Schreiseeabler (Haliaëtus vocifer) oder hält zu 20—40 zusammen in der Nachbarschaft Mittagsrast. Podica flattert erschreckt über das Wasser hin, um sich unter das dichteste Gebüsch zu verstecken, Nachtreiher rauschen aus den Zweigen, Eisvögel, von dem kräftigen Riesenfischer (Ceryle maxima) bis zur winzigen, farbenschillernden Corythornis cristata lauern auf Beute, dazu in den Bäumen und Busch=wipfeln Glanzstaare, deren Pracht man in der Wildniß be=wundern muß, der schöne Helmvogel (Gallirex chlorochlamys), Paradiesfliegenfänger (Terpsiphone), Sonnenvögel (Nectarinia) u. s. w. Wie oft habe ich da gewünscht, mit Dir zusammen zu jagen, zu genießen, zu beobachten und zu sehen, wie Du dieses oder jenes erlegte Exemplar mit dem den Ornithologen eigenen glättenden Strich vom Schnabel abwärts in die Hand nimmst!

Und doch, ich muß es Dir gestehen, bei meinem letzten Aufenthalte dort war ich der Ornithologie ganz untreu ge=worden, und die Jagdlust, die schon allzu lange geschlummert, war mit Macht hervorgekommen! Und was für eine Wild=

bahn erstreckt sich da längs der Wasser durch Wald und Savanne! In großen Trupps kommt der stolze Doji, der Wasserbock (Kobus, wahrscheinlich K. singsing), die Böcke mit mächtigem nach vorn geschwungenem Gehörn, an den Fluß zur Aesung; der Mpongo (wie mir scheint Tragelaphus scriptus, ich habe noch kein Männchen, die sonderbarerweise verhältnißmäßig selten sind, geschossen) bricht aus den dichten Büschen, die über das Wasser hereinhängen; die Suara (vielleicht Adenodota kob), die Männchen gleichfalls prächtig gehörnt, tritt in Rudeln aus der Waldung; weiter im Innern trifft man auf die mächtigen, die Stärke eines Ochsen erreichenden Nimba (Oreas) und Schikiro (Euryceros Angasii), beide weiß gestreift, sowie auf die ebenfalls weit über den Rothhirsch starke Pallah-Pallah (Hippotragus). Auf der Savanne äsen Rudel von Zimela (Damalis) und Konzi (Alcelaphus), galopiren Heerden von Zebras und Giraffen, letztere zuweilen zu 20, 30 und mehr beisammen und von einer Größe, von der man sich bei uns gar keine Vorstellung macht. Im Fluß schnauben die ungeschlachten Kiboko (Flußpferde), die hier sehr kampflustig sind, sodaß wir öfters vor ihnen im Boot flüchten mußten und einmal um ein Haar in die Höhe geschleudert worden wären, als der Kahn von dem Zahne einer unter ihm auftauchenden Bestie einen gewaltigen Stoß bekam. Wildsauen (Potamochoerus) brechen nach Mast umher, Banden von Meerkatzen (Cercopithecus erytrarchus) und Pavianen (Cynocephalus babuin) flüchten rauschend, kreischend und bellend von Baum zu Baum, große Völker von Frankolinen und Perlhühnern schnurren auf, Ichneumone stürzen ihrem Termitenbaue zu, und nachts, wenn man am helllodernden Feuer liegt, das die wilden Gestalten einiger Wagallajäger mit zuckendem Schein beleuchtet, und an dem kolossale Vorräthe von Wildpret und Fischen, die zum Theil Mannslänge erreichen (von besten Heterobranchus und Clarias), rösten, schallt das donnernde Gebrüll der Löwen vom Flußufer her. Ein eigenthümlicher

Aberglaube der Wanjamwesi, den man nicht verletzen darf, will man nicht panischen Schrecken und die unangenehmsten Verwickelungen hervorrufen, schützt die wahrhaft riesenmäßigen Krokobile, die besonders an den abgezweigten Buchten und Lagunen vor dem Kahn mit großem Getöse ins Wasser fallen, vor Verfolgung. Merkwürdigerweise kümmert man sich gar nicht um sie, und ich bin, dem Beispiele meiner Schwarzen folgend, ganz gemüthlich an den unheimlichsten Localitäten bis an den Leib im Wasser und Schlamm umhergewatet. Trotzdem daß die Bahn so reich bestellt ist, ist die Jagd auf Hochwild doch recht beschwerlich, besonders des Terrains wegen. Denn auf der offenen Boga ist fast nie, auch nicht mit der größten Mühe und den unermüblichsten Kriechversuchen, auf Schußweite anzukommen, und im Walde liegt überall ein ganz infames Knackwerk umher, das ein leises Pürschen zu einem Ding der Unmöglichkeit macht. Anstand ist aber selten erfolgreich, da das Wild nur ausnahmsweise bestimmte Wechsel einhält. Sodann schießt man auch viel zu Holze, indem angeschossene und nicht gleich töblich getroffene Stücke, wenn nicht eine sehr starke Schweißfährte da ist, meist verloren gehen. Außerdem ist das große Wild, namentlich die Giraffen, an die man so wie so nur zufällig einmal herankommt, sehr hart, von den Kibokos überhaupt nicht zu sprechen. Auch die ganz infamen Tsetsefliegen hindern sehr auf der Jagd. Ich bin immer mutterseelenallein herumgepürscht; in zwanzig Tagen hatte ich neben Affen, Ichneumonen, Geflügel und ornithologischem Wild, zwölf Stück Wild, elf Antilopen und eine starke Sau auf der Strecke, unter erstern zwei Dojiböcke, von denen besonders einer stark aufgesetzt hatte, die übrigen waren zu meinem Leidwesen sämmtlich ungehörnt. Angeschossen hatte ich noch mehrere Stück, dabei auch eine Giraffe. Mit dem geschossenen Wilde passiren manchmal noch ganz merkwürdige Dinge. So schoß ich eines guten Tages am Morgen eine Suaraantilope, die nicht weit vom Anschuß verendete, ohne daß ich sie fand.

Nach einigen Stunden, als ich aufmerksam gemacht durch eine Unmasse Geier nachsuchte, fand ich nur noch das Skelet. Am Abend desselben Tages schoß ich einen Mpongo, und als ich mit einbrechender Dunkelheit in Begleitung der Schwarzen, die das Stück hereintragen sollten, zur Stelle zurückkehrte, siehe, da grinste mich das leere Nichts an. Ein Herr Löwe hatte es als gute Beute annectirt. Einmal traf ich drei dieser Edeln im Puri an, ein prächtiges Männchen mit schwarzer Mähne und zwei Weibchen, und da ich doch so solo ohne Reservebüchse nicht gleich mit den dreien anfangen wollte, so äugten wir uns nur gegenseitig an und wechselten dann ohne Thätlichkeiten beieinander vorüber. Einen reizenden Streich muß ich Dir noch beichten. Bei Sonnenaufgang stieß ich auf ein kolossales Flußpferd, das einen tief ausgetretenen Kibokopfad heraufwechselte. Ich war dem Ungethüm, das mich in seiner Dämlichkeit natürlich gar nicht bemerkte, auf wenige Schritte nahe, hatte nur meine kleinkalibrige Büchsflinte Nr. 24 bei mir, brannte der Bestie aber doch à bout portant eins in seinen Dickkopf, erzielte indeß damit keinen weitern Effect, als eine von ungeheuerm Gekrach begleitete schleunige Flucht, sintemalen ich aus Versehen den linken, mit Hasenschrot geladenen Lauf abgedrückt hatte, welche Pillen doch etwas zu homöopathisch waren. Einmal machte ich eine Doublette auf Antilopen, indem ich mit der Kugel ein Altthier und mit dem mit grobem Schrot geladenen linken Lauf das begleitende Schmalthier in der Flucht im Feuer zusammenschoß.

.... Wenn uns die Geschichte mit den Arabern in Taborà nicht in die Quere kommt, wie ich sehr fürchte, so denken Kaiser und ich Anfang nächsten Monats auf einem bisher noch von keinem Europäer betretenen Wege nach dem Tanganjika und von da vielleicht nach Udjidji zu gehen und circa drei Monate abwesend zu sein. Es ist schon alles vorbereitet. Unser Weg führt durch Gegenden, in denen es viele Elefanten, Nashörner, Löwen und Büffel gibt. Unser Führer hat dort wiederholt Elefanten gejagt. Doch soll die Ornithologie diesmal für mich die Hauptsache sein. Ich habe mich schon sehr darauf gefreut.

---

21. An seine Mutter.

Gonda, 24. December 1881.

.... Unsere Expedition nach dem Tanganjikasee begann mit großen Schwierigkeiten, die nöthigen Pagazi (30 Mann) für einen vernünftigen Preis zu erhalten; in Gonda wurde nutzlos hin und her verhandelt, bis wir schließlich am 15. September unsern blutdampfenden Fürstensitz verließen, um in Kakoma solche anzuwerben. Die Leute waren endlich gefunden und alles fertig, als sie plötzlich wieder einen höhern Preis verlangten und sich alles zerschlug. Jetzt mußte der Boy Kaiser's nach Tabora gehen, um dort Träger zu suchen, während wir unterdeß an den Fluß zu gehen beschlossen, um dort zu warten. Afrika verlangt wahrhafte Riesengeduld, es geschieht kaum je, daß irgendeine Angelegenheit sich auch nur einigermaßen glatt abwickelt. Bis zum 11. October mußten wir diese Tugend ausüben, dann brach unsere 40 Mann starke Karavane definitiv auf, um durch Ugalla zu ziehen; wieder mußte ich den ersten Marsch im heftigsten Fieber durchmachen, sodaß ich eine vierwöchentliche Radicalkur von täglich 1—2 Gramm Chinin vornehmen mußte, was sehr wenig Angenehmes hat. Am bambusumwachsenen Msimafluß, wo ich Vögel schoß, blieben wir einen Tag. Eigentlich wollten wir den Weg über Saffagula, die Residenz des Ugallahäuptlings Liowa, vermeiden, da dieser von den arabischen Händlern sehr gefürchtete kriegerische Fürst zuviel

Tribut verlangen sollte. Indeß trafen am 16. October einige Ruga-Ruga von ihm ein, die uns in seinem Namen bringend aufforderten, ihn in seiner Residenz zu besuchen. Am 18. kamen wir dort an, escortirt von einer wild aufgeschmückten schreienden Bande. Mit großem Geknalle rückten wir dort ein, während die Ruga-Ruga aus dem Ort stürzten und als übliche größte Ehrenbezeugung mit wahnsinnigem Gebrüll und Gespringe einen Scheinangriff auf uns machten. Wir besuchten dann den Mtemi, der uns, umgeben von seinen Prinzen und Anführern, in seiner Hütte empfing. Später wechselten wir die üblichen Geschenke, wobei sich jeder Theil entschuldigte, daß er nicht mehr geben könne: wir, weil wir nur das Nöthigste für die Reise mit uns hätten, er, weil das Land seit den Einfällen Mirambo's noch zu verwüstet sei. Dieser hatte nämlich vor kurzem die Residenz Liowa's gänzlich zerstört und verbrannt, und das Befestigungstembe um die eine Stunde von der alten Ortsstelle neuerbaute Stadt war erst zum kleinsten Theile fertig. Obgleich wir das Gesuch Liowa's um ein schönes Gewehr, einen Revolver und dergleichen Dinge abschlagen mußten, versicherte er uns doch mehrfach seiner Freundschaft und ließ uns sagen, er wolle mit einem von uns Blutsbrüderschaft schließen. Ich beabsichtigte die betreffende feierliche Ceremonie am andern Tag mit ihm zu machen, auch war uns das Bündniß mit diesem mächtigen Ugallahäuptling sehr willkommen, nachdem wir mit den andern schon in freundschaftliche Beziehungen getreten waren.

Ich weiß nicht wie es kam, aber ich konnte in der Nacht nicht ruhig schlafen, stets fuhr ich wieder bei irgendeinem Geräusch oder fernen Ruf auf. Es mochte etwa Mitternacht sein, als sich plötzlich rings dumpfes Getöse erhob; ich hörte die Leute ringsherum aufspringen und zu ihren Waffen greifen und zugleich vernahm ich ein mehr und mehr anschwellendes wirres Rufen, welches aus dem mir nur zu wohlbekannten Worte „vita, vita!" (Krieg!) bestand. Schon riß auch einer unserer Leute den Zeltvorhang zurück, und das hastig ausgestoßene Wort: „Mirambo!" machte die Sachlage ziemlich klar. Daß die von dem Genannten ermordeten Carter und Cadenhead zwei Nachfolger haben würden und uns weiter nichts übrigbleibe, als unser Leben möglichst theuer zu verkaufen, war mein erster Gedanke. Ich weckte Kaiser, der nach den vorhergehenden Strapazen noch ruhig schlief, und wir machten uns schnell fertig. Jetzt kam auch der Häuptling Liowa in unser Zelt, und wir erfuhren, ein Eilbote mit der Nachricht vom Nahen Mirambo's sei eingetroffen, alles flüchte auf die Inseln im Ugallafluß, wir möchten ihm folgen. Da die afrikanische Kriegstaktik darin besteht, nachts hindurch ununterbrochen zu marschiren und mit dem ersten Morgengrauen über den betreffenden Ort herzufallen, beschlossen wir nach schnell gehaltenem Kriegsrath dem Häuptling zu folgen, da am Morgen der Weg bereits verlegt sein würde. Schnell wurden die Lasten geschnürt, das schrille Angstgeschrei der flüchtenden Weiber wurde einige Augenblicke hindurch laut, dann lag der ganze Ort todt und verlassen da, nur die wilden Gestalten von Kriegern standen um düster qualmende Feuer, um fürs erste noch im Orte Wache zu halten. Um 12½ Uhr verließ auch unsere Karavane die Stadt, die Träger voran, wir mit den Ascari beschließend, um in die stockfinstere Nacht nordwärts zu marschiren. In unheimlichem Schweigen ging es weiter auf sehr beschwerlichem Wege, und da ich den ganzen Tag über auf den Beinen gewesen war, marschirte ich bald im Halbschlafe weiter. Endlich kam der Mond, dann der Morgenstern herauf, und nach fünfstündigem Eilmarsche glänzte plötzlich im Morgenroth, das glühend über dem Waldmeer aufstieg, die breite Fläche des Flusses durch die Bäume hindurch. Bald lagerten wir am Ufer, drüben dehnte sich vor dem Walde und dem fernen Zuge der Ukumbiberge eine weite Savanne aus, und mitten im Strome lag eine Reihe kleiner Inseln, von Termitenhügeln überragt, auf welchen sich hier und da die runden Hütten der Eingeborenen erhoben. Wassergeflügel aller Art strich über die dampfenden Wasser, drüben ästen Trupps von Wild, Rindenkanoes, von wilden Gestalten gelenkt, kamen herüber, und nach und nach wurde der Uebergang, nicht ohne das Kentern einiger der höchst primitiven Fahrzeuge, bewerkstelligt. Die Inseln erwiesen sich bei näherer Besichtigung als ein wüstes Conglomerat von Schilf und Gras, das sich nur in knietiefem Schlamm watend passiren ließ. Da stand nun unser Zelt bis zum 5. November, fast drei Wochen lang, und wir lebten wie Frösche im Sumpf, während die Krokodile nachts bis unmittelbar an den Eingang des Zeltes kamen, und man trotz der in Permanenz erklärten hohen Wasserstiefel eigentlich immerfort klitschnaß war, zumal auch die Flußufer, die wir jagend und sammelnd durchstreiften, größtentheils aus Sumpf und Morast bestanden.

Am 21. October schloß ich hier mit Liowa Blutsbrüderschaft; jeder von uns beiden aß ein in das Blut seines Gegenüber getauchtes Stückchen gebratener Hühnerleber, während zwei breitklingige Speere auf unsern Häuptern ruhten und unsere beiderseitigen Waniapara, das Messer, welches unsere Brust geritzt, mit einem größern wetzend, die feierliche Formel mit dem Fluch über den Bundesbrüchigen aussprachen, und Ruga-Ruga wie Ascari ringsumher die Flußufer von dem Gekrach ihrer Flinten widerhallen ließen. Am 30. kam ein Gesandter Mirambo's zu uns, der uns viel Salems von ihm überbrachte, aber auch die unverschämte Forderung von 40 Doti Sattini (1 Doti = 8 Armlängen), einer Menge anderm bunten Zeuge, einem schönen Gewehr u. s. w. und der wol auch einmal nachsehen sollte, ob das Wasser hoch oder niedrig stände. Wir versprachen ein Gewehr aus Europa kommen zu lassen und gaben zwei Stück Zeug (zu je 8 Doti); da der Abgesandte damit nicht zufrieden war, schloß unser

Unterhändler kurz die Verhandlung mit den Worten: „Wenn Mirambo mit den Weißen kämpfen will, gut, so wollen wir uns mit ihm schlagen!" und ließ den Edeln stehen, der plötzlich wieder ganz höflich wurde. Erst am 5. November kam endlich die erfreuliche Nachricht, der Weg sei wieder frei, und wir konnten nach Saffagula zurückkehren und am 9. unserm Freunde Adieu sagen. Du besitzest also jetzt neben Deinen zwei Söhnen noch so quasi einen dritten, den wilden Mtemi von Saffagula, der ein Collier von den Zähnen erschlagener Feinde trägt, durch seine furchtbaren Raubzüge das Entsetzen der Nachbarländer ist und sich gerade jetzt wieder auf einem Kriegszuge gegen Kawende befindet.

Von Saffagula ging es zu dem prächtigen Bergflüßchen Mtambo und dann in das Gebirgsland Kawende, an dessen herrlicher Felsenpforte uns schon die blauen Berge um den Tanganjika grüßten. Unsere schönsten Lagerplätze waren später am Katumaflusse, wo riesenhafte Bombaxbäume ein wahrhaft unburchbringliches Urwalddickicht überschatten, und in der weiten menschenleeren Wildniß um die Bergbäche Mgengäwe und Manda. Der erstere zwängt sich dort durch eine Bergschlucht, die der prachtvollste Urwald mit riesigen Lianengruppen und weißblühenden duftenden Orchideen auf den mächtigen Stämmen vollständig verfinsterte. Der Manda floß tief in einem engen Thal, dessen jähe Wände überall mit einem wahren Forst von Bambus bestanden waren, stürzte in drei Absätzen zur Tanganjikaebene herab, welcher herrliche Fall mit der rings wuchernden üppigen Tropenvegetation ein prächtiges Landschaftsbild bot. Und dazu die großartige erhabene Einsamkeit! Hinter mir zwei lange Tagesmärsche keine Menschenseele, keine Hütte, kein Feld, nur Bergwildniß, vor und unter mir ein neues Gipfelmeer, wieder zwei Tage lang nur die Fährten von Nashörnern und Büffeln, die ihre tiefen Pfade durchs Bambusdickicht zum Wasser getreten; das Rufen der metallischglänzenden Vögel und das Rieseln und Klingen des Wassers als die einzigen Naturlaute! Da geht einem das Herz auf!

Am 22. November tauchte zuerst die endlose Fläche des Tanganjika über Berg und Wald auf, und tags darauf langten wir in der belgischen Station Karema an, wo wir von Kapitän Ramaeckers mit wahrhaft großartiger Gastfreundschaft und in der denkbar liebenswürdigsten Weise aufgenommen wurden.

Während nun die Regenzeit mit Macht losplatzte, blieben wir hier bis zum 7. December. Der See, der augenblicklich wieder in einer Periode starken Fallens ist, hat theils eine weite flache Sand=, theils eine jähe Steinküste, welche mit ihrer rauschenden Brandung durchaus an das Meer erinnert. Nach Nord besonders sieht man nichts als die riesige Wasserfläche, während gegenüber die sechs Meilen entfernten 8000 Fuß hohen Gebirge von Marungu sich erheben. Eigentlich wollten wir noch weiter, aber der strömende Regen sowie die mangelnde Zeit zwangen uns, den kürzesten Weg über das Land des flüchtigen Simba einzuschlagen. Wir wurden häufig gehörig naß, zumal es zuweilen galt, halbe Stunden lang in knietiefem Wasser zu waten oder rauschende kaffeebraun gefärbte Ströme zu durchschreiten, wo das Wasser, für die belasteten Träger nur mit Hülfe eines quergespannten Seiles passirbar, uns bis an den Leib und noch höher reichte. Gestern rückten wir nun hier wieder ein, unter großartigem Geknall der Gewehre, dem Sausen der Wurfspieße und dem Schlachtgeheul der haufenweis herausstürzenden Wilden, welche mit unsern gleichfalls wie die Wahnsinnigen umherspringenden Soldaten ein Scheingefecht lieferten, und aus deren Mitte sich College Reichard mit einem Ehrengefolge tadellos weiß gekleideter Leute entwickelte. Heute Abend feiern wir also wieder Weihnachten im Busch, diesmal zum Glück alle drei zusammen!

In mein Tagebuch sehend fällt mir ein, daß ich Dir zu

erzählen vergaß, wie ich auf der Reise auch einen Büffel erlegte. Zweimal war ich schon auf Büffel zu Schuß gekommen, und beidemal entkam der Getroffene, obgleich der zweite sogar eine Viertelpfundkugel mit Stahlspitze erhalten hatte, und ich zum ersten mal in einem trockenen überwachsenen Wasserlauf bis unmittelbar an die an seinen Ufern äsende Heerde anschleichen konnte. Das ist eine andere Jagd als wie bei uns, denn der Kafferbüffel ist wegen seiner ungeschlachten Kraft und Wildheit, die ihn oft den Jäger annehmen läßt, berühmt, und dabei rückt man den kolossalen Bestien, die nicht besonders scharfe Sinne haben, wegen ihrer großen Härte selbst gegen starke Schüsse, gern so nah wie möglich zu Leibe. Das dritte mal zogen wir durch einen weiten Bergwald in Kawende, als ich unfern des Pfades das dumpfe abgebrochene Gebrüll von Büffeln vernahm. Ich lud sofort eine Stahlspitzkugel und pirschte durch die Büsche, zwischen welchen ich auch bald erst einige, dann mehrere der Kolosse bemerkte, bis ich näher und näher schleichend rechts und links unter den hier lichtern Bäumen alles schwarz von Büffeln sah. Es war eine Heerde von vielleicht 4—500 Stück. Gleich darauf, als ich kaum Deckung hatte, hatten mich einige geäugt; alle die blutunterlaufenen Lichter unter dem mächtigen Gehörn glotzten nach mir herüber, bis Bewegung in die Masse kam und die Heerde krachend und donnernd dahin stürmte. Gleich darauf bemerkte ich, daß die ersten schwankten und der Wall schwarzer Riesenleiber schräg auf mich und einen unserer Leute, der mir nachgeschlichen war, loskam. Letzterer zog sich mit dem Rufe „jeta, jeta" (herauf, herauf!) schleunigst auf einen Baum zurück, als auch mein Schuß knallte. Ein Stier fuhr prasselnd gegen einen Baum zurück, die Masse schwenkte wieder ab, während andere unserer Leute, die herzugelaufen waren, ein ganz nutzloses Pelotonfeuer auf sie eröffneten. Unweit lag mein Stier hoch durchschossen am Boden, während die Kerls wild ihre Speere in das vergebens sich aufzurichten versuchende Thier schleuderten und mit vollen Händen das Blut tranken, das aus der mit dem üblichen „Allah hu akbar" (Gott ist groß!) durchschnittenen Kehle hervorsprudelte. Zur Verwerthung dieser Jagdbeute wurde gleich am nächsten Wasser campirt, während sofort Scharen von Geiern herabsausten.

22. An Frau von Dewitz.

Gonda, 27. December 1881.

Drei Monate war ich mit meinem Collegen Dr. Kaiser auf einer Reise nach dem Tanganjika abwesend. Unterdeß sind vier Posten eingetroffen, unter welchen ich auch Ihre beiden Briefe, gnädige Frau, aus Tressow vorfand. Der letzte brachte mir Details vom Tode Adolf's [ein Vetter, Baron von Maltzahn-Ivenack], den ich bereits durch Briefe der Meinigen erfahren. Wie traurig mir diese Nachricht war, brauche ich Ihnen nicht zu sagen. Sie wissen, welche frohen Stunden wir zusammen verlebt, und verstehen daher, was es heißt, den geliebten Freund, den alten Jagdgefährten, nicht wieder sehen zu dürfen, an dessen lustiges Lachen ich manches mal bei der Pürsche durch den schweigenden Urwald gedacht. Jetzt ist das nun für immer verstummt, wir haben alle viel mit ihm verloren, am meisten, das weiß ich wohl, sein Bruder Albrecht. Mir geht sein plötzlicher Tod sehr nahe, wenn auch das Menschenleben hier seinen Werth fast zu verlieren scheint, wo, fast möchte ich sagen, die Tage dem Tode abgetrotzt werden, und ringsumher die Mordwaffen hausen, während die Leichen am Boden liegen, weniger beachtet als ein gefallenes Stück Vieh.

Unsere neue Residenz ist ein innerafrikanischer Herrschersitz, der nach dem Tode des letzten Häuptlings vor einem Thron=

wechsel steht. Vom Westen, Osten, Norden und Süden Afrikas ist es bekannt, wie es dabei hergeht, und daß der präsumtive Nachfolger hier ein Weib ist, ändert durchaus nichts an der Sachlage. Die rauhen Gestalten von Feindes- und Gattenmörderinnen des Alterthums verbleichen vor der Gestalt dieser schwarzen Sultana, die bereits zwei Ehemänner mit hocheigener Hand, nicht durch die eines ergebenen Feldherrn, stumm gemacht hat, den einen durch einen Hieb mit dem Schlachtbeil, den zweiten durch einen Speerstich. So gingen und gehen denn die Proscriptionen ihren Gang; Männer, Frauen und junge Mädchen werden theils aus politischen Gründen, d. h. weil sie zur Familie des todten Häuptlings gehören, dessen Schwester übrigens die Thronerbin ist, theils als „Zauberer" in der barbarischsten Weise abgeschlachtet. Die Köpfe mißliebiger Persönlichkeiten werden mit vielen Empfehlungen von benachbarten Häuptlingen eingeschickt und diese freudigen Begebenheiten mit tobenden Festen und wüsten Pombegelagen gefeiert. Wie oft sind die Ahnungslosen harmlos mit Bretspiel beschäftigt oder nehmen lachend am Tanze theil und liegen morgen schon vor dem Thore, wo Geier und Gauklerabler und nachts die Hyänen sich satt fressen. Glücklich noch, wenn sie ein Hieb des Beils in den Nacken getroffen, denn das Abhacken von Händen und Füßen, das Pfählen und sonst zu Todesmartern wird selbst von Frauen und Kindern mit Beifalls- und Freudengeheul begleitet. Einen großen Theil der Hingerichteten stellen die sogenannten Maschani oder Zauberer, natürlich stets ganz unschuldige Geschöpfe. Aber ist es bei uns vor wenigen Jahrhunderten anders gewesen — man denke nur an die Hexenprocesse — und kann ein Volk, das noch in der Roheit primitiver Entwickelungszustände steckt, andere als rohe Sitten haben? Schließlich aber hat doch mein Freund Reichard, der allein in Gonda war, einen Machtspruch gethan und mit großer Energie durchgesetzt und hierdurch wirklich einem Sohn und einer Tochter des verstorbenen

Häuptlings, sowie auch einem jungen Mädchen, das gleichfalls eine Zauberin sein sollte, das Leben gerettet.

Mein Dasein hier in der echt wilden Residenz ist außerordentlich interessant und ganz nach meinem Geschmack, und nicht einen einzigen Moment sehne ich mich in die Fesseln unserer Civilisation zurück, wo ein Schritt rechts oder links vom Wege des Alltäglichen allgemeines Aufsehen und Geschrei erregt. Was mir und uns allen Dreien nicht gefiel in Afrika, jetzt liegt es weit hinter uns wie ein widriger Traum. Wo kann ich mich wohler fühlen, als am thaufrischen Morgen in der endlosen nebeldampfenden Savanne, wo das helle Gewieher der dahingalopirenden Zebraheerden über die Fläche schallt, als in der düstern Waldschlucht, wo der Bergbach über wildes Gestein fällt, wo duftende Orchideen von den mit kolossalen Lianen umschlungenen Riesenbäumen hängen, auf dem herrlichen Urwaldstrom, den zum ersten mal unser Boot zwischen den auftauchenden Flußpferden und Krokodilen furcht, oder abends am flackernden Jagdfeuer, in Gesellschaft einiger wilden schwarzen aufgeputzten Krieger. Und wo schlägt das Herz freudiger, als wenn auf den durch die Waldstille hallenden Schuß eine hochgehörnte Antilope, deren Stärke die unsers Rothhirsches bei weitem übertrifft, zusammenbricht, oder wenn das donnernde Gebrüll der Löwen von Ufer zu Ufer einander antwortend das grelle Concert der Milliarden von Cicaden, Fröschen und Kröten unterbricht! Wo fühlt man sich freier und leichter, als wenn man heute sein Wanderzelt im rauhen Thale eines Bergbaches, morgen unter einer Gruppe herrlicher Riesenbäume, dann vielleicht in einem Bambusdickicht oder am einsamen Wasserplatz in der weiten Savanne aufschlägt!

Es hat nicht viel gefehlt, daß wir auf unserer Reise zum Tanganjika das Schicksal Carter's und Cadenhead's theilten, und als mich um Mitternacht das Getöse unserer von ihren Lagerfeuern aufspringenden Leute, das wirre Kriegsgeschrei mit dem Namen „Mirambo" vermischt, weckte, glaubte ich, es käme das Ende und die Ehre, als „gefallen im Dienste der Wissenschaft" einer langen Reihe vorausgezogener Gefährten angereiht zu werden. Nun, wir entkamen noch gerade und konnten dann auf den Sumpfinseln im breit dahinströmenden Wualabaflusse dem Fortgange eines afrikanischen Mord- und Brandkrieges ziemlich ruhig zuschauen, wenn auch die Existenz dort mehr der von Amphibien als von Menschen glich. Leider brachten mich nur die dort verlebten drei Wochen um eine kostbare Zeit des Sammelns, und der strömende Regen der Masika trieb uns dann auf kürzerm Wege heimwärts als wir beabsichtigten.

---

23. An seinen Bruder.

Gonda, 28. Februar 1882.

.... Neuerdings haben wir uns von der ganzen hiesigen Bande ziemlich zurückgezogen, weil nach den endlosen Redereien hier und in Tabora in Betreff der Regierungsangelegenheit immer noch nichts Definitives herausgekommen ist. Die Sultana steckt nun schon wieder lange in ihrem kleinen Dorfe in der Nähe, wohin sie immer von ihrem Manne geschleppt wird, der ihre Thronbesteigung möglichst hinzuziehen sucht, weil er dann doch das Feld räumen muß. Alle Waniapara (Beiräthe) sind eigentlich unzufrieden über diesen Interregnumszustand, soweit sich freilich die Stupidität eines Mnjamwesi zur Unzufriedenheit erheben kann, keiner kann sich aber entschließen, etwas Energisches zu thun. Wir haben ihnen in einem Schauri erklärt, daß sie alle Jammerkerls wären, und sind unserer Wege gegangen, der Discha sagen lassend, daß wir ihr Benehmen im höchsten Grade misbilligten. Jetzt ist nun zum definitiv letzten mal unser Akida in Tabora, um ein Ultimatum zu stellen. Kommt er, wie wahrscheinlich, unverrichteter Sache zurück, so schreibe ich sofort an das Consulat nach Sansibar, damit dem Sultan seine Beamten in Tabora als hinterlistige Schurken, Bettler, Gelderpresser und Betrüger benuncirt werden. Der regierungslose Zustand hier könnte uns ja sonst ganz gleichgültig sein, es ist nur das Unangenehme dabei, daß, solange kein wirklicher Häuptling existirt, auch nichts ausgerichtet werden kann, weil niemand befiehlt und niemand gehorcht. So ist z. B. unser Feld noch nicht vollständig bebaut und dergleichen mehr. Uebrigens haben wir alle den Verkehr mit dieser heruntergekommenen Rasse von Arabern so satt, daß der Plan ins Werk gesetzt werden soll, künftig die Straße für die Karavanen und Kuriere der Europäer mehr nördlich zu verlegen, Tabora überhaupt nicht mehr zu berühren und an Stelle dessen über Urambo, die Hauptstadt des erklärten Todfeindes der Araber und des gefürchtetsten und stärksten Unjamwesihäuptlings Mirambo, zu gehen.

Lieutenant Becker, der die belgische Station in Tabora verwaltet, ist deshalb schon in Urambo gewesen, um sich mit dem dort stationirten Engländer Dr. Southon in Verbindung zu setzen und mit Mirambo Schauri zu halten. Becker war jetzt einige Tage bei uns, und in kurzem wollen Reichard und ich ebenfalls nach Urambo gehen. Ich werde bei dieser Gelegenheit auch Mirambo fragen, warum er von uns damals am Wualaba Tribut verlangt hat, obgleich er immer behauptet, er nähme von Weißen nur, was ihm gern geschenkt würde. Ueberhaupt wird es mich sehr interessiren, diesen Schrecken der ganzen umliegenden Lande kennen zu lernen, der seine Spuren überall mit den schwarzgebrannten Trümmern zerstörter Städte hinterlassen hat und der ununterbrochen im Kriege liegt.

.... Seit lange leiden wir an fortwährenden, zum Theil

sehr heftigen Fieberanfällen, welche furchtbar herunterbringen. An Ausgehen, Sammeln, Arbeiten kann ich schon seit lange nicht denken. Zeitweilig war ich so schwach, daß wenige Schritt Gehens genügten, um mir einen Ohnmachtsanfall zuzuziehen. Kaiser ist gestern, um etwas den Fieberdünsten zu entgehen, in eine kleine Hütte gezogen, die er sich auf einem benachbarten Berg hat erbauen lassen. Wir hocken zusammengedrängt in einem engen Hause, nachdem Reichard's und mein Tembe durch von oben bis unten eindringende Regenmassen gänzlich unbrauchbar geworden sind. Du kannst Dir den Zustand von allen Sachen, namentlich wissenschaftlichen Instrumenten u. s. w. denken, wenn die Buden nachts einen halben Fuß unter Wasser standen und später alles in aufgeweichtem Schlamm stak, der den Boden bildet und aus dem allerhand Pflanzen und Pilze schießen. Die ganze Umgegend ist in einen stagnirenden Sumpf verwandelt, da ist es kein Wunder, wenn alles Fieber und Dysenterie hat. Die Gegend ist geradezu scheußlich, die ödeste Heide, die sich denken läßt; aber wie gesagt, ich habe seit Monaten zu Hause gesteckt und weiß nicht mehr, ob ich mich in Innerafrika oder Schöneberg befinde.

24. An seine Schwester.

Gonda, 20. April 1882.

.... Wie ich schon in meinem letzten Briefe berichtete, sind wir im Februar alle drei sehr krank gewesen; Gonda ist zur Regenzeit ein sehr schlimmes Sumpfloch; selbst die Schwarzen sterben wie die Fliegen am Fieber und Dysenterie. Kaiser, genannt Stern, war von uns am übelsten daran; er haust noch immer in einer dürftigen Strohhütte auf einem benachbarten Berge, wo er Besserung zu finden hoffte. Statt dessen

hat er sich dort zu seinem Fieber noch eine ernste Augen=
krankheit geholt, an der er noch immer fast blind ist, und als
Reichard und ich am Ugallafluß waren, wurden wir durch
einen kaum leserlich geschriebenen Zettel von seiner Hand
nach Hause gerufen, indem er einen von uns bat, so schnell
als möglich zu ihm zu kommen, da er seit vier Tagen „gräß=
liches Fieber" habe. Da wir vier Tage zu marschiren hatten
und der Bote fast ebenso viel gebraucht hatte, so mußten
wir Kaiser entweder todt oder besser finden. Glücklicherweise
war letzteres der Fall, er ist aber noch immer sehr herunter.
Der betreffende Bote war überhaupt ein Unglücksrabe. Un=
serm Führer brachte er die Nachricht, daß sein Sohn im
Innern im Kriege gefallen sei, worauf der Vater zwar zu=
erst etwas niedergeschlagen schien, sich aber bald darauf mit
ganz vergnügtem Gesicht zur Mahlzeit niedersetzte, die gerade
sehr üppig ausfiel, da unsere Leute dicht bei der Jagdhütte
einen nachts zuvor von Löwen zerrissenen Büffel gefunden
hatten. Kaiser's Jammerzettel schloß außerdem mit den lako=
nischen Worten: „Ramaecker todt!"

So sind denn von den fünf belgischen Herren, mit denen
wir durch die Wildniß der Mgunda=Mkali zogen — Kapitän
Popelin, Kapitän Ramaecker, Lieutenant de Leu, Lieutenant
Becker und Mr. Roger — die drei ersten schon in afrikanischer
Erde begraben. De Leu war damals schon kränklich; er war
der erste, dem sie neben den Gräbern der französischen Mis=
sionare auf einer Höhe bei Tabora, von der der Blick das
weite grüne Thal von Unjanjembe überschaut, ein Kreuz er=
richteten. Der große starke Kapitän Popelin liegt im Norden
des Tanganjika begraben. Wie freundlich uns der liebens=
würdige junge und lebenskräftige Kapitän Ramaecker in Ka=
rema aufnahm, habe ich Euch berichtet. Vor kurzem erhielten
wir ein paar Worte von ihm, er könne uns auf einen Brief
von uns nur diese wenigen Zeilen schreiben, „er sei sehr
krank", „ma tête n'est pas claire" — nun ist er auch todt!

Sein nubischer Diener Mahomed, der ihn bereits auf einer Reise durch die Wüste und dann nach Europa begleitete, schrieb uns in diesen Tagen tieftraurig: „si je restais jusqu'à la fin du monde, je ne pourrais jamais trouver de ma vie un maître pareil!" — Jetzt aber genug mit diesen Trauerklagen; hier haben wir zum Jammern keine Zeit und es muß, wenn der wackere liebe Kamerad einmal in der Erde liegt, mit klingendem Spiel abmarschirt werden!

Obgleich auch für den Vorstand ein Bericht unserer Befahrung des Walaflusses (auf der Stanley'schen Karte zu finden, geht in den Ugallafluß oder Gombe) durch uns abgeht, den Ihr gewiß auch zu lesen bekommt, will ich doch noch einiges darüber mittheilen. Das war eine rechte Urwaldfahrt auf dem sonderbaren Wasserlaufe, der noch niemals ein Boot getragen hatte! Jede Windung vor uns konnte Neues, Unerwartetes bringen und brachte es auch. Da tauchten wir nach langer Fahrt durch reißende Engen, durch schmale, vergraste, verschilfte Kanäle, durch dunkle Dickichte plötzlich heraus auf weite, freie, breite, seeartige Flächen, an deren Ufer sich die herrlichsten Urwaldgruppen erhoben, ein malerisches farbiges Gemisch von allem erdenklichen Grün, von zarten Blattformen und compacten Gipfelmassen, von blühenden Schlinggewächsen und lang herabfallenden Lianen. Da versperrten die „Maçaka", jene den Strom selbst vollständig erfüllenden Dickichte, den Weg und begann nun jenes oft stundenlange Erkämpfen der Durchfahrt, wo Schritt für Schritt Messer und Axt Bäume, Sträucher, Dornen und Lianen wegräumen mußten, wo oft lange kein „Aus" und kein „Ein" sich zeigen wollte, wo man bald der Länge nach im Boot liegen, bald über Riesenäste hinwegsteigen mußte und oft die hierfür bestimmten Träger, die uns mühsam am Ufer folgten, durch Rufen oder Signalschüsse herbeibeordert wurden, um unser wackeres „Mamba" (Krokodil) durch den Uferurwald zu schleppen, durch dessen Dickicht auch

oft nur mit der Axt tunnelartige Durchgänge eröffnet werden
konnten. Auf hundert und mehr Schritt breiter Fläche fuhr
man nichts ahnend gemächlich hin, wieder eine Windung —
und weit und breit war das Wasser mit der glänzend mai=
grünen Decke einer bösartigen Pflanze überzogen, der „Ma=
laba" (Pistia), deren einem kleinen Kohlkopfe ähnliche Blätter
vollkommen undurchbringliche Massen bilden. Hier in einem
stillen, vom ernsten Urwald umfriedigten Becken ein paar
verspätete Flußpferde, die noch nicht abwärts zum Ugalla ge=
schwommen und nun schnaubend Wolken von Wasserdampf aus=
stoßend die ungewohnte Erscheinung unsers Bootes anglotzten;
dort im Schilf und Schlamm Scharen riesiger Krokodile, die
sich sogar zur Attake auf uns herbeiließen und mit weit=
gähnenden Rachen nach dem Ruder schnappten, das ihnen
vielleicht als etwas Genießbares erschien, oder doch, ob neu=
gierig oder feindselig gestimmt bleibe dahingestellt, unserm
Kielwasser folgten. Wie schön war es des Morgens, wenn
die Sonne noch tief über den thauschweren Wäldern stand und
Gewehre, Axt, Botanisirmappe u. s. w. in das Boot gepackt
und abgestoßen wurde, um weiter ins Unbekannte zu rudern;
wie gemüthlich abends im Lager, einem Kreise von mit einem
Zweigwall umgebenen Hütten rings um unser Zelt, die wunder=
bar schnell überall da entstanden, wo wir am Nachmittage an
einer geeigneten Stelle landeten und dann die tiefe Waldstille
von den Axthieben der in kurzem dort ebenfalls anlangenden
Trägerkarawane widerhallte. Manchmal freilich waren Zelt wie
Grashütten widerstandslos gegen die mit mächtigen Blitzen auf=
ziehenden Tropengewitter, und für uns und unsere Leute erwies
sich die Nachtruhe infolge gänzlicher Durchnässung als illusorisch.

Neun Tage fuhren wir stromabwärts, die Fahrt einigemal
durch nothgedrungenes Rasten behufs Einkaufs von Lebens=
mitteln in benachbarten Dörfern unterbrechend; noch zuletzt
überraschte uns der tückische Fluß durch das unangenehmste
Hinderniß, indem nämlich sein Wasser, das sich in langen

und breiten Stauseen sammelte, plötzlich ganz aufhörte und nun noch ein zweistündiger sehr mühsamer Weg bis zur Mündung zu Fuß zurückgelegt werden mußte. Dann lag unser "Mamba" neben den zwei andern Booten im Ugallaflusse. Hier blies frischer Wind und konnte das "Krokodil" auch seine Segeltüchtigkeit beweisen, wie denn überhaupt sich Reichard mit der sehr mühsamen Herstellung dieses Kielbootes selbst übertroffen hat. Unsere sehr zerfallene Jagdhütte wurde renovirt, und wir beabsichtigten hier noch eine Weile zu bleiben, obwol das Wild augenblicklich nur selten war und die Zeit deshalb mehr mit Botanisiren, dem Schießen und Präpariren von Vögeln, Sammeln von Eiern und Skizziren als mit Jagen hingebracht wurde; da rief uns Kaiser's Zettel nach dem öden ungesunden Gonda zurück.

.... Um nun noch auf einen wichtigen Punkt in Deinem Briefe zu kommen: Sehr erfreut bin ich über die Verlobung Magdalenen's [eine Cousine, Schwester des verstorbenen H. v. M.]. Es ist das sicher ein recht großes Glück für sie, gerade jetzt nach dem Kummer der letzten Zeit. Was mich freilich betrifft, so ist mir der Gedanke an Verlieben, Verloben oder Verheirathetsein schrecklich und verfolgte mich noch neulich in einem schlimmen Traume. Es müßte denn eine Gattin sein, die à la Lady Baker überall mitzöge, und das hat doch auch sehr große Bedenken! Und die Welt zu durchschweifen, die herrliche Welt, ist doch meiner Ansicht nach das einzig Wahre. Mir scheint, ich habe eben erst in eine andere Welt hineingesehen und müßte, wieder scheidend, nur die tiefe Sehnsucht nach ihr mitheimtragen.

---

5. Mai 1882.

Wir sind noch immer nicht fort; hoffentlich kommt in diesen Tagen unser Akida aus Tabora mit Trägern zurück,

dann geht zunächst Reichard an den Fluß, um schnell ein
Haus für unsere Effecten errichten zu lassen. Ich mache, daß
ich so schnell wie möglich nachkomme, denn es ist mit den
Fiebern hier nicht auszuhalten und damit wird es jetzt, wo
die Sümpfe zu trocknen anfangen, erst recht losgehen. Der
arme Kaiser ist noch immer so ziemlich blind und nicht zu
bewegen, von seinem Berge fortzugehen.

Neulich haben wir offen mit Gonda gebrochen, es wäre
um ein Haar zu einem blutigen Zusammenstoß gekommen.
Ein sehr boshafter Angriff auf meinen Diener, der draußen
vor dem Thor harmlos eine Turteltaube schoß, machte das
überreiche Maß voll. Wir beorderten sofort alle Mann zu=
sammen und theilten scharfe Patronen aus. Wir waren zwar
nur sehr schwach an Zahl, da Kaiser, wie gesagt, mit zwei
Leuten auf dem Berge wohnt, außerdem der Akiba mit zwei
unserer Soldaten nach Tabora gegangen war und ein anderer
Ascari vollständig betrunken in seiner Behausung lag. Die
ganze Ortschaft war natürlich sofort bewaffnet, es waren
gerade viele Ruga=Ruga aus der Schamba da. Nur einer
unserer Leute, und zwar ein stolzer Ascari, kniff aus, schon
vorher aus Angst halb verdreht, bittend, doch keine Gewalt=
thätigkeiten zu beginnen; dagegen zeigten selbst unsere kleinen
Jungen, jeder mit seinem Mausergewehr bewaffnet, keine
Spur von Furcht.

Durch die Haufen der schon zum Kampf geschmückten und
bewaffneten Ruga=Ruga, die sich besonders um das Zelt der
Discha gesammelt hatten, wo sie einen roth=weißen Fetzen
aufgesteckt hatten, gingen wir an der Spitze unsers kleinen
Trupps, ebenfalls mit Revolvern und Mauserbüchsen bewaffnet,
zur Discha. Sie blieb aber angstvoll im Innern versteckt, da
sie fürchtete von uns sofort über den Haufen geschossen zu
werden; auch ihr schuftiger Gemahl ließ sich vor der Hand
nicht sehen, und es war auch dem uns empfangenden Häupt=
ling augenscheinlich sehr übel zu Muthe, da Reichard, während

er eine „sehr kräftige" Rede hielt, die auf den ringsumher
hockenden und stehenden Kreis bewaffneter Krieger einen sehr
tiefen Eindruck machte, in unzweideutigster Weise mit dem
Klappvisir seiner gespannten Büchse spielte. Da man uns
dringend bat, nach Hause zurückzukehren, um sofort einen
Gesandten zu empfangen, kehrten wir um und hielten uns,
jeden Augenblick zum Losschlagen bereit, auf unserer Veranda.
Ringsumher im weiten Bogen hockten die Ruga-Ruga. Manamiäga, der nichtswürdige Mann der Discha, raste schreiend
und tobend, mit allerlei bunten Lappen drapirt, umher; wir
verboten aber unsern Leuten jegliche Antwort, welcher Befehl
sehr schwer zu befolgen war, da die bekannten homerischen
Zwiegespräche vor der Keilerei auch hier Mode sind. Ich
hatte mir indeß fest vorgenommen, daß der lange Mania-
miäga, dessen Züge vor Wuth, Aufregung und Pombebier
ganz verzerrt waren, beim etwaigen Beginn der Thätlichkeiten der erste sein würde, der von mir niedergeschossen
werden sollte. Daß die ganze Bande nur sehr wenig Pulver
hatte, wußten wir; es war nur das Unangenehme bei der
Sache, daß das Strohdach unsers Hauses, in dem mehrere
Centner Pulver lagern, mit größter Leichtigkeit durch einen
Brandpfeil angesteckt werden konnte. Indeß begannen die
Verhandlungen und wurde von dem Abgesandten der Discha
flehentlichst um Friede und Freundschaft gebeten. Daraufhin
wurde dann unsern Leuten „Entladen" commandirt, und
dieselben begleiteten mit einem schallenden Hohngeschrei das
schleunige Rückwärtsconcentriren und Deckungsuchen der tapfern
Ruga-Ruga, welche das plötzliche Rasseln der Gewehrschlösser
als Zeichen des beginnenden Kampfes angesehen hatten. Das
Schicken von Gesandten, Versichern unentwegter Freundschaft und
Erklären, wir dürften keinenfalls fortgehen, wie wir bestimmt
gesagt hatten, dauerte noch mehrere Tage fort. Die Angst
in dieser Beziehung ist in der That sehr groß und um so
größer, als sie ganz genau wissen, daß unser Hiersein Ugundas

sicherster und absoluter Schutz vor einem Ueberfall des tödlich gefürchteten Mirambo ist. — Alles dies hindert natürlich nicht, daß schon am folgenden Tage die Ruga=Ruga gemüthlich wie nur je auf unserer Veranda saßen und ihre Waffen, Pfeifen, Kopfputze, Amulete u. s. w. lachend und schwatzend uns feilboten.

---

25. An seine Mutter.

Auf der Reise von Urambo nach Gonba
im Zelt, Muin=Sale, 31. Juli 1882.

..... Am Fluß haben wir, wie ich wol noch nicht schrieb, Gesandte aus Gonba und Tabora empfangen, die uns durchaus nach ersterm Ort zurückhaben wollten, indeß gründlich abfielen, da wir durchaus keine Lust hatten, unser durch den Bau einer großen Banda (Haus mit Giebeldach) sehr gemüthlich gewordenes Lager zu verlassen, um nach dem öden ungesunden Gonba zurückzukehren. Sobald es der genügend trockene Zustand des Grases erlaubte, setzten wir an allen günstigen Orten die Boga in Brand, was zur Folge hat, daß nach Abbrennen des alten sofort neues junges Gras aufsprießt, welches wiederum auf das sich seit lange nur kümmerlich nährende Wild große Anziehungskraft ausübt. Der Erfolg blieb nicht aus, das bisher seltene Wild zeigte sich mit einem mal so zahlreich, daß wir z. B. innerhalb fünf Tagen 13 Stück Wild, Antilopen, Wildschweine und Zebras, erlegten. Wir waren so in vollster Thätigkeit, als plötzlich am 8. dieses Monats eine Botschaft aus Urambo, der Residenz Mirambo's, eintraf, welche mich schleunigst dorthin aufbrechen ließ. Dr. Southon, der von der London Missionary-Society dort stationirte Arzt, hatte durch einen unglücklichen

Zufall auf der Jagd einen Schuß aus seiner von seinem Diener getragenen Elefantenbüchse in den linken Unterarm erhalten, der denselben völlig zerschmetterte. Mr. Copplestone aus Ubjidji, der zufällig gerade auf dem Wege war, ihn zu besuchen, konnte zwar bereits nach drei Tagen in Urambo sein, indeß war der Arm schon so brandig, daß er ihm denselben, auf des Kranken dringendes Verlangen, obgleich er absolut nichts von Medicin oder gar Chirurgie verstand, über dem Ellenbogen amputirte. Da jedoch die Sache, wol hauptsächlich durch die schon zu weit vorgeschrittene Entzündung, nicht gut ausgefallen war, bat er mich um Beistand und Pflege. Acht Tage waren seine Leute bis zum Fluß zu uns gegangen, und erst nach weitern acht Tagen kam ich in langen ermüdenden Eilmärschen in Urambo an. Ich fand den armen Dr. Southon auf die furchtbarste Weise leidend. Die unabläßigen Schmerzen konnten überhaupt nur durch große Dosen Chloralhydrat und Chloroform, sowie durch so starke Morphiuminjectionen, daß sie hingereicht hätten zwölf Menschen von anderer Constitution zu tödten, ertragen werden, und doch wurde der Arme oft so von grimmigem Schmerz übermannt, daß er laut schrie und jammerte und Gott anrief, ihn zu erlösen. Tag und Nacht ließ ich nun unabläßige Berieselungen mit warmem Carbolwasser anwenden, aber schon die kleinste Schwankung in der Temperatur desselben genügte, um die bloßgelegten Nerven auf das schrecklichste zu reizen. Unter diesen Umständen mußte ich am 24. zu einer zweiten Amputation schreiten. Die Operation selbst ging ganz gut von statten, nur das Unterbinden der großen Armarterie machte viele Schwierigkeiten. Trotz des scheinbar sich bessernden Zustandes des Armes konnte die so furchtbar geschwächte Constitution diese Angriffe doch nicht aushalten. Am Abend des 25. trat Besinnungslosigkeit ein; ich wachte bis zum Morgen bei dem Kranken, der stöhnend athmend und zuckend dalag, und das ging so fort bis zum 26. nachts $\frac{1}{2}$11, wo ganz leise und langsam der erlösende Tod eintrat. Bald darauf mußten wir schon die Fenster schließen, weil eine Hyäne so dicht ums Haus strich, daß wir ihre glänzenden Augen gesehen hatten. Am 27. vormittags haben wir Dr. Southon begraben. —

Es war mir sehr wichtig und interessant, den gefürchtetsten Häuptling Ostafrikas, Mirambo, kennen zu lernen, mit dem Dr. Southon durch wirkliche Freundschaft verbunden war. Nachdem ihm meine Ankunft angezeigt — seine Residenz Kanongo liegt 2—2½ Stunden von der englischen Station — schickte er einige Waniapara mit der Nachricht, er würde uns besuchen. Am folgenden Tage wurde uns sein Eintreffen gemeldet, und mit Mr. Coppleftone vor die Hausthüre tretend, gab ich dem Manne die Hand, der seinen furchtbaren Namen mit großen blutigen Lettern in die Geschichte Ostafrikas eingezeichnet hat. Mirambo ist ein sehr großer Mann mit ernstem intelligenten Gesicht, in der Mitte seiner schön geschmückten Waniapara durch Einfachheit sich auszeichnend. Nach dreimaligen längern Besuchen — Mr. Coppleftone und ich waren nachher zweimal in Kanongo bei ihm — habe ich die Ueberzeugung gewonnen, daß er, ebenso wie ein geschworener Feind der Araber, ein wirklich aufrichtiger Freund der Europäer ist, wenn auch wol hauptsächlich aus politischen Gründen. Die unglückliche Geschichte in Upimbre (Ermordung der Engländer Mr. Carter und Cabenhead) geschah, wie ich jetzt sicher glaube, ganz ohne sein Wissen. Mirambo ist viel zu klug, um sich wegen einer Anzahl Ballen Zeug mit allen Weißen zu verfeinden. An dem Bett seines todtkranken Freundes benahm er sich durchaus würdig und ernst; später ging er mit uns in ein anderes Zimmer, wo eine Pfeife geraucht wurde. Er erzählte mir, daß seine Ruga=Ruga uns schon bei unserm Marsche nach Saffagula (der Residenz meines Blutsbruders Liowa) gesehen hätten, und daß er uns seinen Mniapara geschickt habe, um wirklich Friede und Freundschaft zu versichern. Die unverschämten Forderungen desselben an uns, die ich ihm vorhielt, erklärte er als dessen alleinige Erfindung und bemerkte gleichsam entschuldigend, seine Leute seien nun einmal „wie die Hyänen", wenn sie „Zeug" sähen. In der That hat sich Mirambo in manchen Fällen Weißen gegenüber durchaus anständig benommen und nie etwas gefordert. Ich habe ihm z. B. nicht 1 Doti Zeug gegeben, und doch schickte er uns einen Ochsen als Geschenk mit dem Bemerken: „wir wären seine Gäste". Wir erzählten ihm allerhand von Europa; der kriegerische Häuptling interessirte sich natürlich am meisten „fürs Militär". Sehr sonderbar fand er, daß man bei uns im Kriege Frauen und Kinder verschone, noch sonderbarer, daß der „Häuptling" von Frankreich nach seiner Gefangennahme durch den Häuptling von Deutschland nicht „abgethan", sondern sogar mit Ehren behandelt worden sei.

Nach dem Tode des Dr. Southon zeigte sich Mirambo sehr besorgt, daß nach unserer Abreise nichts von dessen Sachen abhanden kommen möchte, und ließ das Wichtigste, resp. Angreifbarste — Gewehre und Pulver — zu sich in seine Residenz bringen. Wir sagten ihm, daß wir wünschten, die Karavanenstraße möge später über Urambo statt Tabora gehen, da wir durchaus keine Vorliebe für die Araber hätten, worüber er sich sehr befriedigt äußerte und erklärte, er wolle alles thun, um den Verkehr mit den Weißen zu erleichtern. Ich schied von Urambo mit durchaus günstigem Urtheil über den gefürchteten Häuptling, dessen Thaten man mit vorurtheilslosen Augen ansehen und beurtheilen muß. Ein innerafrikanischer großer Häuptling kann nicht civilisirten Principien folgen, und die Völker hier wollen mit eiserner Hand regiert werden.

1. August 1882.

In Gonda ist nun, wie ich aus einem Zettel der Collegen ersehe, Discha glücklich Mtemi geworden. Ohne unser Drängen zu einer Entscheidung hätte sie noch Jahre warten können, wenn es überhaupt dazu gekommen wäre. Schon am Fluß wurden wir durch die Gesandtschaft benachrichtigt, daß sie "gefangen" sei. Nach dem mehrere Tage lang dauernden großen Rath aller Waniapara, Abgesandten u. s. w. wird nämlich der Thronfolger gepackt und in sein Haus geschleppt, wo er bis zum nächsten Neumond bewacht und gefangen gehalten wird. Die Sitte verlangt, daß er sich dabei auf das äußerste sträubt, heult und schreit, sonst gilt er für herrsch= süchtig! Wir sind officiell und feierlich zu "Mitsultanen" fest eingesetzt. Nun war da immer noch der bewußte sehr schurkische Gemahl der Discha Manamiäga. Die Gesandten am Fluß, die wir zur Rede stellten über sein freies Herum= laufen, nachdem er von den Arabern in Tabora zum min= desten hätte eingesperrt werden sollen, behaupteten, Manamiäga sei aus Gonda geflohen und verbannt. Aber siehe da, als ich hinkam, war er noch da, obwol in beständiger Todesangst; so hatte er z. B. eines Nachts, als irgendein ceremonielles Getöse erhoben wurde, jämmerlich gefragt, ob es ihm nun an den Kragen ginge, worauf ihm unser berühmter, rede= gewandter Afida sagte, "er könne ganz ruhig sein, denn nach ihm sehe doch niemand, er sei nur so wie ein Hund, der herumliefe". Mir war indeß die Anwesenheit dieses be= trügerischen, falschen und feigen Menschen durchaus nicht recht und ich erklärte deshalb dem mich begrüßenden Mniapara unter Vorwürfen wegen seiner Lügen, ich würde nachher die Discha besuchen und sollte ich irgendwo Manamiäga sehen, so würde ich ihn auf der Stelle zusammenschießen. Das wirkte! Eine Stunde später war Manamiäga wirklich aus Gonda verbannt und bereits fort, und als ich zum Haus der Discha kam, wurde eben durch ceremonielle Abschlachtung einer Ziege die officielle Ehescheidung zwischen ihr und ihrem Gemahl vollzogen. Ueber das Opferthier hinweg schritt ich, der Zerreißer dieser zarten Bande, um mich in der Stockdunkelheit und dem erstickenden Qualm der engen Hütte neben die augenscheinlich etwas eingeschüchterte Sultana zu setzen und ihr einige dem Ernst der vor sich gehenden Handlung angemessene Redensarten zu sagen. Den Gesandten, die mir die Verbannung des Manamiäga anzeigten, hatte ich gesagt, ich sei vorläufig zufrieden! Uebrigens ist bisher alles ohne weiteres Morden abgegangen; wir wollen sehen, ob wir sie weiter damit im Zaum halten können.

Gonda, 8. August 1882.

Kaiser geht noch heute nach Tabora, um Zeug einzukaufen, und macht dann eine Explorationstour nach dem Südosten des Tanganjika. In Karema, der belgischen Station, treffen wir uns dann alle drei, denn wir gehen jetzt ganz ins Innere, an den Moerosee, weit jenseit des Tanganjika, also nach dem echten Centralafrika, in Länder, die erst eines Weißen — Livingstone's — Fuß betreten hat. Reichard und ich benutzen dabei einen großen Elfenbeinhandelszug, den Reichard auf eigene Kosten dorthin unternimmt. Unsere Karavane wird 150 Gewehre führen und circa 60 Krieger, darunter viele Ruga-Ruga, als Bedeckungsmannschaften haben. Ist es möglich, d. h. können uns vor allem Waaren nachgesandt werden, so bleiben Kaiser und ich ganz dort, während Reichard zunächst mit dem eingehandelten Elfenbein nach der Küste zurückgeht. Jetzt müssen wir nur noch die Ankunft eines Transportes von Gewehren von der Küste abwarten, dann geht es fort. Ich schreibe jedenfalls noch einmal von hier oder vom Fluß, wo ich warten will, das Nähere.

26. An Herman Schalow.

Auf der Reise, im Zelt, Muin-Sale,
31. Juli 1882.

.... Kurz vor meinem Abmarsch vom Ugallaflusse beobachtete ich dort eine ornithologische Scene, deren Genuß ich wieder einmal so recht gern mit Dir getheilt hätte, und die ich Dir hier kurz schildern will, weil ich sie in den für das „Journal für Ornithologie" bestimmten Notizen nicht erwähnt habe, da sie schließlich nichts Neues bot. Ich hole etwas weit aus, da Du ja auch für das damit verbundene Jagderlebniß nicht ganz unempfindlich sein wirst. In meiner Erinnerung lebt nun schon eine ganze Reihe solcher Jagdscenen, denen ich vielleicht später einmal Ausdruck geben kann.

Ich hatte mich am Nachmittage auf einer von Wald umgebenen Savanne an einen Trupp Zebra angepirscht. Stundenlang lag ich, von Stechfliegen fast aufgefressen, auf der Erde hinter einem umgefallenen Baumstamm, aber stundenlang stand auch der wachthaltende Hengst unbeweglich auf seinen weit voneinander gestemmten vier Läufen abseits von dem äsenden Trupp, aufmerksam in die Ebene hinausäugend und nur dann und wann den kräftigen, mit einer kräftigen Mähne geschmückten Hals schüttelnd. Erst als die Sonne im Sinken begriffen war, nahm er plötzlich den Kopf herunter und begann gleichfalls zu äsen, langsam dem allmählich hinter einem bewachsenen Hügel verschwindenden Trupp nachziehend. Diesen Moment benutzend gelang es mir, bis auf diesen Hügel zu kommen, und durch das blattlose Gestrüpp lugend sah ich den Hengst schußweit von mir stehen, wie er mistrauisch nach rückwärts gewendet in die Abendluft hinaus windete. Im nächsten Moment knallte meine Büchse, und die mit einer Stahlspitze versehene Kugel fuhr, durch seinen Leib durchschlagend, hinter ihm in den aufstiebenden Sand. Flüchtig ging er dem aufschreckenden Trupp nach, eine Verfolgung war nutzlos. Aber am folgenden Morgen fand ihn Reichard, durch kreisende Geier geleitet, verendet auf einem kleinen freien Plätzchen im Walde. Er war erst ein wenig von den Geiern angeschnitten. Mittags kehrten wir dorthin zurück, aber die dichte Wolke von Geiern, die uns die Stelle verrieth, verkündete schon nichts Gutes: der Hengst war nur noch ein mit zerrissener und zersetzter Decke bekleidetes Skelet. Bis tief in den Hals und in die Läufe selbst hatten sich die Geier hineingearbeitet, und mit trüben Gesichtern, ein paar jämmerliche Stücke Wildpret als einzige Beute in der Hand, verließen uns die mit uns gezogenen Wagalla. Reichard und ich versteckten uns nun auf einem dicht dabei gelegenen bebuschten Termitenhügel und brauchten nicht lange zu warten, bis der erste Geier wieder mit schwerrauschendem Flügelschlag dicht über uns hinstrich. Scharenweis kamen sie nun herab, tiefer und tiefer kreisend, bis endlich einer mit lautem Geräusch auf einem benachbarten Baume einfiel und damit den andern das Signal gab, ihm zu folgen. Ueberall hörte man das wuchtige Sausen der Schwingen, das Krachen der trockenen Aeste, wenn die mächtigen Vögel mit abwärts gestreckten Ständern schräg herunterkamen, um da und dort aufzuhaken. Und dann fiel plötzlich einer auf der Erde selbst ein und lief mit halbgebreiteten Flügeln und ausgestrecktem Halse auf das verendete Wild los. Wenige Augenblicke später war da nichts als ein wildes Durcheinander von schlagenden Schwingen, sich drängenden, zerrenden, schiebenden Körpern, hauenden Schnäbeln und Fängen, in dessen Mitte der Cadaver hin- und hergerissen wurde, während ein scharfes Gefauch, Gekicher und Gelache der Gier und dem Muth der sich balgenden Raubvögel den besten Ausdruck gab. Gyps leuconotus allein kam an die Beute heran, Neophron pileatus mußte sich damit begnügen, um die Streitenden herumzulaufen und da und dort

einen Fetzen zu erschnappen, der in der Hitze des Kampfes
seitwärts flog. Plötzlich bemerkten wir unter den großen
Geiern eine uns bisher fremde, durch die im Affect blutroth
gefärbten Nackttheile und eine gewaltige Federkrause sehr
ausgezeichnete Gestalt, welche eben einen der weißrückigen
Geier mit solcher Gewalt zurückriß, daß dieser geradezu hinten=
über fiel. Gleich darauf fuhr eine Ladung von grobem
Schrot unter die Bande, und der Geier — ich halte ihn für
Vultur occipitalis — brach zusammen, während die übrigen
nur mit Mühe genügend Luft unter die langen Schwingen
bekommen konnten, um sich in wilder Flucht vom Boden
zu erheben. Aber wir waren mit unserer Beute erst
wenige hundert Schritte entfernt, als sie auch alle zusam=
men mit einem Marabu wieder dicht über dem Kampfplatz
schwebten.

Mit verendetem Wild wird hier höllisch schnell auf=
geräumt. Hyänen und Schakale greifen munter zu; letztere
haben wir mitten am Tage bei der Beute, erstere zu glei=
cher Zeit, verspätet zu ihren Schlupfwinkeln zurückkehrend,
gesehen. Löwen waren diesmal seltener am Fluß, doch
fanden wir die Ueberreste mehrerer frisch von ihnen zer=
rissenen Zimelaantilopen. Ein prachtvoller Panther wurde
von Reichard in der Savanne aufgestört, entkam aber im
dichten Gebüsch.

27. An seine Mutter.

Gonda, 21. August 1882.

.... Heute muß ich Dir — in aller Kürze, denn ich habe
das traurige Ereigniß siebenmal zu wiederholen und alle
Hände voll zu thun — von einem großen Unglück berichten,

daß die Expedition, ganz persönlich aber mich betroffen hat, einen jener schweren, sehr schweren Schicksalsschläge, vor denen ich immer eine unbestimmte Furcht gehabt habe.

Am 14. August war ich endlich wieder glücklich in Waidmannsheil angelangt; ich athmete wieder auf in der Waldesstille und begann mit allen Kräften das Waidwerk, da Wald und Boga voll von Wild war. Zunächst hatte ich aber noch einige schriftliche Arbeiten fertig zu stellen. Ich beendete und copirte einen zweiten ornithologischen Bericht, ein anderer lag schon fertig und hatte am Nachmittag den 16. soeben die Feder hingelegt, mit der ich eine an Professor Peters adressirte Arbeit über die mit großer Vorliebe zusammengebrachte und mit andern Collectionen zur Verpackung fertig stehende Fischsammlung aus dem Ugallaflusse beendet, da kam es über uns. Einige unserer Leute hatten das Gras in der Nähe des Lagers in Brand gesteckt, das Feuer war unterhalb desselben längs des Flusses vorbeigegangen, plötzlich prasselte es auf, Wind, Rauchwolken stiegen empor; als ich, unser Araber Said und die im Lager befindlichen Ascari hinausstürzten, war es schon zu spät. Wir versuchten noch die von einem heftigen Wind herangewehte Feuerlinie, die sich gerade auf unser großes, ganz aus Holz und Gras gebautes Haus zubewegte, mit Zweigen auszuschlagen — es war vergebens! Das Feuer sprang über den schmalen Fußsteig längs des Lagers; die aus durcheinander geworfenem Gebüsch und Bäumen gebildete boma (Zaun) hatte gefangen, ein trockener Baum, der dort stand, lohte auf, und im nächsten Moment schlug eine ungeheuere Flamme brausend über das Dach hin. Ich konnte nur noch zum Thor stürzen, in das Haus zurück, die an der Wand hängenden fünf Gewehre Reichard's herabreißen und wieder durch die Hüttenreihen hinauseilen, über welche das Feuer in großen Flocken von Dach zu Dach sprang, dann war Waidmannsheil ein Flammenmeer. Zugleich begann es sich in unserm Hause furchtbar zu regen. Da lagerte die

Hälfte der Munition für die Mauserkarabiner und so gut wie sämmtliche für unsere Jagdgewehre. Das brennende Lager sang sich selbst sein Todtenlied: — unter dem Krachen und Knallen von Tausenden geladener Patronen, dem Knattern und Prasseln Tausender von Cartouchen und Zündhütchen, dem Sausen und Pfeifen der nach allen Seiten auseinander fliegenden Geschosse, dem Aufblitzen von Pulverfässern und Büchsen ging Waidmannsheil zu Grunde. — Nichts, gar nichts habe ich gerettet, als das Wenige, was ich auf dem Leibe trug, dabei ist nicht einmal ein Rock, und die Stiefel sind schlecht und zerrissen. Verbrannt ist nicht nur meine ganze persönliche Ausrüstung — meine treue Büchsflinte, die so oft von Sansibar bis zum Tanganjika geknallt, habe ich als häßlich geschwärztes Eisen ohne Holz aus dem Schutt gezogen, und meine Vogelflinte ist, wie Du weißt, schon Anfang dieses Jahres zerbrochen — verbrannt nicht nur mein ganzes Sammel- und Präparirmaterial, nicht nur alle meine Bücher, sondern alle meine schriftlichen Aufzeichnungen, meine Arbeiten über die Fauna von Ost- und Westafrika, Auszüge, Sammlungen und Abbildungen, alle meine Tagebücher, bis auf einige verkohlte Bruchstücke, alle meine Skizzen, mehr als 50 größere Aquarelle, welche meist schwer genug erworben, Land und Leben in Unjamwesi, verknüpft mit tausend Erinnerungen, schilderten, alle meine zoologischen Journale, botanische Notizen, meine im Hause zur Verpackung fertigstehenden großen Sammlungen, in saurer Arbeit vieler hinter dem Präparirtisch, oft in den kurzen Pausen zwischen zwei Fieberanfällen, zugebrachter Tage erworben, schließlich meine soeben fertiggestellten zoologischen Berichte nebst Farbenskizzen. Es ist nichts mehr übrig!

Man hängt an so vielen leblosen Dingen und es ist traurig, wenn man die verbrannten Reste solcher aus dem Schutte zieht. Ein Leben, wie das, was ich mir auserwählt habe, fordert ein vollständiges Aufgeben solcher persönlicher

Empfindungen, um einzig und allein das vorgesteckte Ziel im Auge zu behalten, aber gerade deswegen ist es doppelt schwer, wenn Unwiederbringliches, Unersetzliches an Zeit, Arbeit und davongetragenen Früchten und gleich Unersetzliches, für die Arbeit kommender Tage unbedingt Nöthiges, verloren geht. Wir stehen vor dem Abmarsch ins Innere; was und wieviel werde ich, von allem Nöthigen völlig entblößt, in einem Lande arbeiten und sammeln können, das noch ganz unerforscht vor uns liegt? Das Meiste verbietet sich ganz von selbst, das Wenige was noch möglich, muß lückenhaft, unbefriedigend bleiben. Ist es überhaupt möglich, wenigstens das Allernöthigste noch zu erhalten, so kann das in keinem Fall vor Ablauf eines Jahres geschehen, ob, wie, wo und wann — das weiß ich selbst noch nicht. Wenn auch vieles, was mich betroffen, schwer, sehr schwer zu verwinden ist, so habe ich den Muth auch durch dieses Unglück keineswegs verloren, aber es gibt eben Hindernisse, gegen die sich schlechterdings nicht ankämpfen läßt. Mit Nichts läßt sich auch nichts leisten. Vor unserm Abmarsch werde ich Dir wol noch einmal schreiben können, vielleicht läßt auch die erwartete Karavane länger auf sich warten als wir denken; es heißt schon wieder, es sei die nächste Post, die Nachrichten darüber bringen muß, verloren.

---

25. August 1882.

Die Kuriere sind nun doch heute unversehrt hier einpassirt und brachten Eure lieben Briefe. Deine sehnlichst erwarteten Kisten kommen auch mit einem demnächst erwarteten Transport, sonst hätte es auch böse ausgesehen, ich habe ja nur noch ein Paar alte Stiefel. Mit Kleidung kann man sich schon eher behelfen. Ich bin jetzt bei der sehr traurigen Beschäftigung, die wenigen Bruchstücke, die in den verkohlten

Resten dreier meiner Tagebücher noch lesbar sind, abzuschreiben und so gut es geht zu ergänzen. Außerdem ist, wie Du Dir bei meiner Lage wohl denken kannst, noch viel dergleichen Arbeit zu thun. Du schreibst, Du seist gespannt, später meine Skizzen zu sehen!! Wo sind sie alle? — Kohlenstaub!!

..... Eben klingt die Trompete, die unsern Leuten allabendlich das Signal gibt, ihre Gewehre und Patrontaschen von der Veranda, wo sie tagsüber hängen, abzuholen. Sie stürzen heran, reißen mit Geheul in wildem Durcheinander die Waffen herunter, die Gewehrläufe und die weißen Mäntel glänzen im Mondschein, wie sie draußen ihren Kriegstanz aufführen — 41 Kerle, dabei herculische Gestalten, Ruga-Ruga mit langen, mit Ruß und Lehm eingeschmierten Haarlocken, manche davon tief aus dem Innern. Im ganzen sind jetzt 50 Leute auf der Station; 20 Ruga-Ruga wirbt Reichard noch an, ehe wir fortgehen. Manneszucht — wenn auch nur im afrikanischen Sinn — unter diesen halb oder ganz wilden Kerlen zu halten, namentlich da sie alle mindestens einfach beweibt sind, ist nicht leicht. Das Trauerspiel von Waidmannsheil hatte hier in Gonda noch ein Nachspiel. Nach den leichtsinnigen Brandstiftern hatte ich am Fluß gar nicht gefragt, ich wollte sie nicht kennen. Die vorausgeschickten Ascari hatten aber hier sehr gravirend gegen vier halbwüchsige Bengel ausgesagt, und so wurden diese dann sofort nach meiner Ankunft hier gebunden. Eigentlich sollten sie auch eine gehörige Lection erhalten, indeß wurden sie, nachdem sie ein Weilchen Todesangst ausgestanden, begnadigt, indem ich ein gutes Wort für sie einlegte. Ich glaube auch, daß ein solches Verfahren der hier herrschenden Anschauung entspricht; es kam auch nachher eine Deputation der Waniapara, um für die Schuldigen zu bitten. — „Schauri ja maaga!" „Es war Gottes Wille", so suchte man mich bei meinem Rückmarsch zu trösten. „Mungualipita huku!" „Gott war's, der darüber hinschritt!" sagte mir ein alter Mniapara, mir theilnehmend die Hand drückend. Desto strenger kam die Vergeltung über einen so wie so heimtückischen Schurken, der auf dem Fischfang in der Nähe das einem hartnäckigen Gefecht gleichende Knallen von allen 2500 Mauserpatronen natürlich ganz genau gehört hatte, aber aus Feigheit erst am Abend, als wisse er von nichts, erschien und sich auch nachher sehr unliebsam machte. Er wurde sofort in Ketten gelegt. Die versammelte Corona aller unserer waffenfähigen Leute bezeugte durch Beifallsgeschrei und wildes Durcheinanderrufen ihre volle Zustimmung, als das soldatische Verbrechen der Feigheit, welches vom Delinquenten begangen worden war, ihnen vorgehalten und auf den kommenden Zug in das Innere hingewiesen wurde, welcher gleich einem Kriege betrachtet werden müßte, in dem jeder Feigling einfach standrechtlich erschossen werden würde. „Nami moya? nani anakufa mara mbili? tuta kufa pa moya!" „Wer ist ein Feigling? Wer stirbt zweimal? Wir wollen zusammen sterben!" Dem Delinquenten wurden die Waffen abgenommen, sein Name Amari (der Friede) in den beschimpfenden Moya (Feigling) verwandelt und ihm 30 Stockschläge zudictirt, worauf er entlassen wurde.

.... Immer und immer wieder fällt es mir schwer aufs Herz: „Was soll ich nun machen?" Wenig habe ich wegen meines vielen Krankseins in diesem Jahre arbeiten können, und dasjenige, was ich mit großer Mühe zu Stande gebracht, ist vernichtet! Könnte ich nur auf 1—2 Monat zurück, um mich neu auszurüsten! Aber das ist ja unmöglich, es fehlt Zeit und Geld. Da sitze ich nun, schreibe und schreibe und zermartere mir den Kopf, wie ich es anfangen soll, um wenigstens einiges zu leisten, und überall fehlt mir das Nöthigste, das unumgänglich Erforderliche!

.... Heute ist Kaiser von Tabora zurückgekommen. Wir schreiben an den Vorstand und Herrn Consul Annecke;

letzterm schicken wir eine Liste der Gegenstände, die wir
bringend nothwendig haben, und die uns so wie so erst nach
Jahresfrist erreichen können. Die für meine zoologischen Ar=
beiten nothwendigen Dinge habe ich Schalow gebeten zu be=
sorgen.

.... Gestern langte wieder eine Post mit Euern lieben
Briefen vom Juni an, und ich athme wie von einem Alp
befreit auf, da ich daraus ersehe, daß unsere Berichte an den
Vorstand vom Februar nun doch glücklich in Berlin angelangt
sind. Leider haben wir mit dieser Post die Nachricht be=
kommen, daß Reichard's Karavane mit 70 Gewehren u. s. w.,
bei der auch Deine frühern sehr ersehnten Kisten sind, erst
Ende Juli, nicht Juni wie wir hofften, aus Bagamojo auf=
gebrochen ist. Nun kann sie erst in 2 Monaten in Tabora
ankommen. Das Schlimmste dabei ist, daß sich dann viel=
leicht wegen des schon beginnenden Feldbaues nur schwer
Träger für das Innere finden werden, während sich solche jetzt
massenhaft anbieten. Es kommen eben immer neue Schwierig=
keiten zwischen das Geplante. Kaiser will morgen abmar=
schiren, um den noch unbekannten Rikwasee, südöstlich vom
Tanganjika, zu erforschen.

28. An seinen Bruder.

Gonba, 4. October 1882.

.... Von dem großen Unglück, das mich am 16. August,
eben in Waidmannsheil wieder angekommen, betroffen hat,
wirst Du wol genügend unterrichtet sein. Der Verlust so
vieler, ganz unersetzlicher Sammlungen und Arbeiten, welche
letztere mich schon in Europa jahrelang beschäftigt haben,
vor allem aber der aller meiner Aquarelle, ferner der aller

mir für künftige Arbeiten unbedingt nöthigen Gegenstände, so vieler Dinge, die mir mehr waren, als todte gleichgültige Sachen, so meines getreuen Gewehrs, meines Mikroskops, mancher Bücher u. s. w., und schließlich der ebenfalls unwiederbringliche Verlust an Zeit, indem ich ja nun bis zu unserm Abgang ins Innere hier in dem öden Gonda festgebannt bin, statt am Flusse zu sammeln, zu arbeiten, zu zeichnen — alles das ist noch immer recht schwer zu verwinden und fällt mir oft von neuem drückend auf die Seele, wenn ich so die verkohlten Reste meiner Tagebücher ansehe, wenn ich irgendein interessantes Reptil, das mir aufstößt, ruhig laufen lassen muß, da mir ja alle und jede Conservationsmittel fehlen, oder die Länge der vergangenen Zeit mit der so schrecklich zusammengeschmolzenen Gesammtsumme der Resultate vergleiche!

Auch unser nun verbranntes und verlassenes Jagdlager am Flusse hatte ich wirklich liebgewonnen und es thut mir nun doppelt leid, daß ich nicht einmal mehr das Bild zum Andenken besitze, auf dem das rothe Licht, das so oft dem spät vom Pürschgang Heimkehrenden freundlich entgegenglänzte, durch die hohen finstern Baumgruppen über das dunkle Wasser des Flusses und die hell vom Mond beschienenen Sandbänke hinfiel. Nun ist Waidmannsheil ein Trümmerhaufen, ein „Tongo!" Unsere Boote werden im Flusse vermodern, das Urwaldsgrün wird die schwarzgebrannte Stätte überwuchern und überwachsen, die so oft von dem Halloh der unter ihrer Last von Wildpret sich beugenden, heimkehrenden Leute widerhallte. Im Munde und Gedächtniß der Wagalla wird sie aber wol noch lange unter dem ihr gegebenen Namen Uleia (Europa) fortleben, und vielleicht kommt wiedereinmal ein Weißer auf dem längst überwachsenen Steg durch Savanne und Wald dorthin, und der wilde Führer wird ihm mit eingekrümmtem Finger die Stelle zeigen und von den Jägern und Fischern, die hier gehaust, lange Geschichten erzählen.

Aber heute von etwas anderm. Es wird Dich als

Kriegsmann vielleicht erfreuen zu hören, daß eigentlich heute erst ein kleiner Feldzug beendet ist, in dem wir, Reichard und ich, mit unsern 30—40 Kerlen dem ganzen Ugunda den Fehdehandschuh hingeworfen haben, und in dem es denn auch wirklich zu blutigen Köpfen gekommen ist. Die Geschichte dieses echten Indianerkrieges ist nun kurz folgende:

Nachdem Dr. Kaiser zum Rikwa abgegangen war, kam bald darauf eine Botschaft von ihm, daß er in einem Grenzorte von Ugunda am Fieber krank liege und ihm daselbst durch Einbruch eine Trägerlast weißer und bunter Stoffe gestohlen worden sei. Obgleich nun zwar drei Verdächtige, nämlich der Ortsälteste, der Hausbesitzer und dessen Frau, uns eingeliefert und eine Zeit lang festgesetzt wurden, so verhinderte doch der Mtemi die Ueberführung der Schuldigen und die Zurückgabe des Gestohlenen absichtlich theils durch Hinziehung, theils dadurch, daß man, als Leute von uns zu Kaiser gingen, Botschaft vorausschickte, man möge sich schleunigst drücken, da wir das Gestohlene suchen würden. Infolge dessen fanden unsere Soldaten das leere und verlassene Nest. Man behauptete, Leute aus einer ganz weitabliegenden, nicht zu Gonda gehörigen Stadt hätten die Sachen geraubt, wollte aber auf unsere Aufforderung auch gegen diese nicht energisch vorgehen und schickte endlich einen einzelnen, ganz unbedeutenden Kerl aus, „um die Diebe zu fangen". Infolge dieser offenbaren Böswilligkeit und außerordentlichen Unverschämtheit beschlossen wir, uns selbst Recht zu schaffen; die Gefangenen ließen wir laufen, theilten im geheimen an alle unsere Leute reichlich Munition aus und brachen am 18. in aller Frühe, unter Zurücklassung einiger Kranken und zu kriegerischen Unternehmungen Unbrauchbaren nach der betreffenden Grenzgegend auf. Zusammen mit einem in Gonda gerade anwesenden Araber und dessen zwei Leuten zählten wir 33 Mann (eine Anzahl unserer Leute waren bei Kaiser, in Tabora oder als Kuriere abwesend), meist rabbiate Kerle und sämmtlich mit guten Gewehren, zum großen Theil Mauser- und Chassepotkarabinern bewaffnet, eine hier ganz gehörige Streitmacht. Am Waldsaum angelangt, wurde halt gemacht und die Parole gegeben. Da das betreffende Nest selbst verlassen war, wollten wir über ein benachbartes, in welches sich viele Leute von dem erstern geflüchtet, herfallen und hier soviel Weiber und Kinder wie nur möglich rauben, um sie als Unterpfand bis zum Ersatz des Geraubten festzuhalten. Raub anderer Sachen wurde ebenso streng untersagt, wie das Erschießen oder Schlagen der im Ort befindlichen Männer, mit Ausnahme des Falles, daß einer derselben wirklich scharf — nicht blos in die Luft — schießen sollte.

Wir marschirten bis gegen Mittag, wo wir in einem Orte Namens Qua=Hammabi rasteten und abkochten. Hier trafen wir einige Ruga=Ruga des von Mirambo geschlagenen und aus seiner Residenz Usariva geflohenen Simba. Die Ortseinwohner benahmen sich trotz unserer bedeutenden Uebermacht recht unverschämt, was wir indeß ungestraft ließen. Wie sich später herausstellte, war nämlich schon ein Bote aus Gonda vorausgelaufen mit der Nachricht, wir kämen, um Krieg zu machen; eine neue Hinterlist, die später für die Schufte die schwersten Folgen haben sollte. Gegen Abend trafen wir in einem größern Orte ein, dessen Bewohner schon mit einem Beine auf der Flucht waren, indeß mit der Versicherung, wir zögen gegen Qua=Mbawa, jene entfernte Stadt, wohin angeblich das geraubte Gut gebracht sein sollte, wieder beruhigt wurden. Nach einigen Stunden Schlaf sammelten sich um Mitternacht wieder unsere Leute um einige düster brennende Feuer und dann ging es leise in die Nacht hinaus, um in der Morgenfrühe über das Nest herzufallen. Nachdem wir lange durch den Wald marschirt, dessen schwarze Baumgipfel sich von Zeit zu Zeit scharf gegen ein grelles Wetterleuchten am Horizont abzeichneten, lagerten wir eine Weile, da der Führer behauptete, der Ort sei ganz in der

Nähe, was sich nachher als irrthümlich erwies, wie eine Bande Raubthiere an der Erde hockend und liegend, bis ein fahler Schimmer im Osten „Alfajiri" die Morgenfrühe ankündigte. Während dann der „Fameux Msenna", ein wilder zerhauener Kampfhahn von mächtiger Körperkraft, von dessen Thaten an der Küste Du in Stanley „Durch den dunkeln Welttheil", Bd. I, S. 63, lesen kannst, mit noch einigen vorauslief, marschirten wir im Geschwindschritt weiter, bis wir in friedlicher Morgenbeleuchtung das ahnungslose Dorf inmitten seiner Felder vor uns liegen sahen, an dessen Thüre uns Msenna schon heranwinkte. Da das Nest zwei Ausgänge haben sollte, so theilten wir uns; ich lief mit dem Araber Said — in Diensten Reichard's, einer unserer Hauptleute — und einer Anzahl Ruga-Ruga links um die Verpalissadirung, traf auf eine kleine offenstehende Thür und stand im nächsten Augenblick, die Büchse schußfertig in der Hand, zwischen zwei dicht aneinanderstoßenden Tembe hindurch kommend, vor einem Haufen zusammenhockender und rauchender Weiber, welche sprachlos vor Schreck die urplötzlich auftauchenden wilden Gestalten anstarrten, bis einer meiner Leute vortrat, ihnen sitzen zu bleiben befahl und gleich darauf das gellende Geschrei, welches von allen Seiten erschallte, verrieth, daß auch Reichard seinerseits eingedrungen war. Von da und dort wurden nun die Weiber von uns zusammengeschleppt, besonders unsere kleinen Jungen sprangen wie verrückt vor Vergnügen mit ihren Waffen umher, während das Kriegsgeheul und das klirrende Zusammenschlagen der Speere, Keulen und Gewehre unserer Ruga-Ruga sich mit dem Zetergeschrei der Ueberfallenen mischte. Die männliche Bevölkerung war im Nu geflohen, und ist die Zurückhaltung unserer doch sehr aufgeregten Leute sehr zu loben. Denn obwol Said eine Wunde an der Hand davontrug, als er einem Kerl den Spieß aus der Hand rang, und der Araber Matari einen gehörigen Keulenschlag am Bein erhielt, fiel doch von unserer Seite kein

Schuß und wurde außer mehrern Gewehren nichts entwendet. Nachdem wir unsere Beute zusammengebracht, die übrigens nach dem ersten Schreck, als ihr versichert wurde, es geschehe niemand ein Leid, wieder ganz vergnügt war und zum Theil, wenn auch „kalt", weiter rauchte, einige alte Weiber ausgemerzt und die übrigen zusammengetrieben, ging es sofort zurück, einige Mann voraus, die Hauptmasse in der Nachhut. 26 Frauen und Kinder waren in unsern Händen. In der Ferne wurden einige schreiende und gestikulirende Gestalten, die geflohenen Ehemänner, sichtbar, die indeß auf unsern Befehl nicht weiter beachtet wurden. Gestern waren wir circa acht Stunden marschirt, hatten nur kurz der Ruhe gepflegt und waren daher gehörig müde, als wir heute, hin und zurück wieder acht Stunden marschirend, an einem am Waldsaum gelegenen Ort anlangten, wo schon alles geflohen war und wir bis Nachmittag rasteten, indem wir die nöthigen Lebensmittel „rollten", indeß dafür gewissenhaft Bezahlung zurückließen. Die Dächer der Dörfer, an denen wir nun vorbeikamen, waren alle dicht von Menschen besetzt, welche nach unserm Kriegszug hinüberstarrten. In Qua-Hammadi gedachten wir zu übernachten und schickten von einem Wasserplatz im Walde, wo wir längere Zeit sehr ermüdet rasteten, mehrere unserer Leute voraus, um unsere Ankunft zu annonciren und zu erklären, daß wir keinerlei feindliche Gesinnungen hegten. Aber die Hoffnung auf baldige Rast sollte sich nicht erfüllen. Als wir in Sicht des Ortes kamen, dröhnte aus seinem Innern die große Trommel in eigenthümlich schneller und schneller werdendem Takt, und sofort riefen unsere Leute: „goma ja vita!" „Die Kriegstrommel!" Wilder Lärm, der hinter dem hohen Palissadenzaun hervordrang, bestätigte diese Aussage; nun sahen wir auch unsere Leute wie rasend mit gefällten Gewehren davor hin- und herhüpfen, und einer von ihnen verkündete mit rollenden, vor Wuth fast aus dem Kopfe dringenden Augen, die Leute im Ort, verstärkt durch die Ruga-Ruga Simba's, wollten uns bekämpfen, hätten sie mit Mishandlungen hinausgetrieben und erklärt: „Heute noch würden die Weißen und die Araber sterben." Kurz darauf sollte gerade der Mund, der dies freche Wort ausgestoßen, gründlich und für immer geschlossen werden. Es hat sich nachher auf nähere Untersuchung herausgestellt, daß sich unsere Leute, unter denen sich ein alter erfahrener Soldat befand, der schon mit Speke, Livingstone, Cameron und Stanley gereist war, auf das Verständigste und Friedfertigste benommen hatten und alle Schuld an den sowieso übelberüchtigten Männern in Qua-Hammabi lag.

Nachdem unsere Gefangenen unter Obhut einiger Leute zurückgelassen waren, gingen wir selbst, zum etwaigen Losschlagen fertig, bis unmittelbar vor die Boma vor. Hier neben der verrammelten Thür hielt ich bald mit meiner zwischen die Pfähle gesteckten Büchse die rechts und links ausweichenden Kerle in Schach, die wie wahnsinnig ihre Lanzen schwangen, die Pfeile auf den gespannten Bogen hielten und ihre Gewehre zurechtmachten, während von Innen noch andere hinzustürzten; noch versuchte ich mit den Verrückten zu unterhandeln, von denen nur einer in augenscheinlich großer Angst versicherte, er sei nicht schuld und wolle keinen Kampf. Da knallte plötzlich neben mir ein Schuß aus der Boma: einer der Schurken hatte auf Reichard abgedrückt, ihn indeß gefehlt. Im Augenblick darauf war es geschehen. Rasend vor Wuth und vollauf bezeugend, daß sie nicht nur vor heulenden Weibern Muth zeigen konnten, rissen unsere Leute, der hünenhafte Msenna voran, die knackige von Termiten zerfressene Boma zusammen, daß die Stücken und der Holzstaub nur so aufflogen; ich stürzte zuerst durch die Lücke und sah mich, um ein Tembe biegend, den schon sich rückwärts concentrirenden Schurken gegenüber, während zugleich von rechts und links und hinter mir die Schüsse unserer Leute losbonnerten. Ein Pfeil sauste über mir weg, ein zweiter, haſtig abgeſchoſſen, bohrte ſich vor mir in die Erde, zu einem dritten Schuß hatte der Schütze keine Zeit, meine Kugel zerſchmetterte ihm den Arm, daß er den Bogen fallen ließ und abflüchtete. Ein anderer Räuber Simba's, der dicht vor mir hinlief, wurde durch einen unſerer eigenen Ruga-Ruga, einem frühern Kameraden von ihm, der ſelbſt einen leichten Pfeilſchuß in die Hand erhalten hatte, gerettet, indem dieſer ſich dazwiſchen warf und ſchrie, die Leute von Simba hätten nicht gegen uns gekämpft, was ſich ſpäter als unwahr herausſtellte. An der Boma lag blutüberſtrömt der, welcher uns den Tod prophezeit, eine Kugel Reichard's war ihm durch den Schaft ſeiner langen Muskete und mitten in die Bruſt gefahren; draußen traf ich meinen kleinen Mabruki, der mit vorgehaltener Büchſe eine Frau mit zwei Kindern zum Ort zurücktrieb. Auf erneutes Schießen liefen Reichard und ich dorthin, einige der Räuber Simba's ſchoſſen herüber, eine Ladung Schrot praſſelte um uns her, aber auf eine herüberpfeifende Kugel zogen ſich die Braven in ſichere Entfernung zurück, obgleich ſie dort noch lange ihre wilden Kriegstänze aufführten. Einer der Feinde war todt, drei ſchwer verwundet.

Da uns nun daran liegen mußte, ſobald wie möglich nach Gonda zu kommen, da wir nicht wußten ob „Krieg oder Frieden", ſo beſchloſſen wir ſofort noch heute bis dorthin zu marſchiren. Die Anſtrengung des Tages war eine wahrhaft furchtbare, denn da der Führer, der einen kürzern Weg ziehen wollte, denſelben nachher in der Dunkelheit verlor, ſind wir, die nöthigſten Raſten unterwegs inbegriffen, volle 18 Stunden marſchirt, nachdem wir tagszuvor acht gemacht und kaum ausgeruht hatten. Halbtodt vor Erſchöpfung kamen wir tief in der Nacht vor Gonda an und hatten nun noch die Ausſicht, daß man uns möglicherweiſe nicht hereinlaſſen, ja ſelbſt feindlich empfangen würde. Glücklicherweiſe geſchah nichts dergleichen; die uns wohlbekannten Thorwächter öffneten auf Anruf das Thor ohne jede Widerrede, ja begrüßten unsere Streitmacht sogar freudig, weil unterdeß die — übrigens falsche — Nachricht eingelaufen war, Mirambo sei im Anzuge. Unsere 32 Gefangenen kamen fast unbemerkt in ein Tembe. Die Nachricht von dem Geschehenen war übrigens bereits eingetroffen.

Ich warf mich auf die Veranda und schlief wie ein Sack bis zum nächsten Morgen. Am andern Tage wurde ernstes Schauri mit der Discha und den Waniapara gemacht und erklärt, daß falls wir nicht zwei Frasileh (à 35 Pfund) Elfenbein, eins für unsern Verlust an Zeug, eins als Kriegscontribution erhielten, wir alle Gefangenen in Tabora verkaufen würden. Zuerst wurden drei, dann noch zwei Tage Bedenkzeit gegeben, ohne daß das stupide Volk zum Entschluß gekommen wäre, bis dann noch in letzter Stunde ein Mniapara erschien und um noch einen Tag Frist bat. Wir bewilligten auch diesen, erklärten aber sofort, da uns die Sache nicht ganz geheuer schien, daß wir, falls wir fremde Leute mit Waffen im Ort sähen, sofort mit dem Kampf beginnen würden. Unser Verdacht war auch sehr begründet. Denn am folgenden Vormittag meldete plötzlich eine unserer Patrouillen, der ganze Ort stecke voll Bewaffneter. Nun, wir waren bereit; Munition hatte jeder hinreichend, und wir hatten unsere Tagebücher — oder ach! soweit das mich betrifft die halbverbrannten Reste derselben — als das Kostbarste an unsere Gürtel gebunden. Drei Waniapara wurden auf die Veranda beordert, wo alle unsere Leute schlagfertig zusammenstanden, und wurde ihnen eröffnet, daß, falls nicht sofort die Stadt von den Fremden geräumt und unsere Bedingung erfüllt würde, von unserer Seite der Kampf beginnen sollte. Das half denn, der Ort wurde total geleert, wobei viele der Bewohner mit davonliefen, und gestern erschien das geforderte Elfenbein, in Gestalt von vier Elefantenzähnen, worauf wir sofort sämmtliche Gefangene in Freiheit setzten.

Die Tage des Wartens und Unterhandelns wurden noch durch ein Ereigniß unterbrochen, das hier freilich nicht zu etwas Besonderm gehört, uns aber doch immer wieder mit Abscheu erfüllt. Am 1. October, also zur Feier meines Geburtstages, ließ die Discha einen angeblichen Zauberer, dessen Verbrechen in Wahrheit in seiner verhältnißmäßigen Wohlhabenheit bestand, welche ihre Habgier erregte, nach einer albernen Procedur hinrichten. Zwar hatte man unserm Akiba ordnungsgemäß davon Anzeige gemacht, dieser aber leider unterlassen, uns die Sache sofort zu melden, weshalb wir zu spät am Platze erschienen und nur noch den verstümmelten Leichnam fanden.

Du siehst, es geht wild her, das läßt sich aber nicht ändern. Auch mit unsern eigenen Leuten muß strenge Manneszucht gehalten werden; gestern mußte noch eine Execution wegen schweren Diebstahls, die sich freilich nur auf eine Tracht Prügel beschränkte, vorgenommen werden. Leider ist durch die berichteten Ereignisse und weil die Regenzeit und damit die des Feldbaues herangekommen ist, während welcher man keine Träger bekommen kann, unser Abmarsch ins Innere wieder auf ungewisse Zeit hinausgerückt; ich werde ganz krank vor Warten und Sehnsucht, endlich weiter zu können. Hier ist die Zeit für meine Zwecke so gut wie ganz verloren.

Lieutenant Wißmann, dessen glorreiche Reise von West nach Ost Dir bekannt sein wird, und den wir schon von Berlin her kannten, hat uns neulich ein paar Tage besucht. Die Afrikanische Gesellschaft kann sich zu diesem Erfolge gratuliren.

29. An seine Tante Frau Marie Brunnemann.

Gonda, 6. November 1882.

.... Das Unglück, das am 16. August mir viel, schrecklich viel geraubt hat, ist Dir auch bekannt, und ich denke, Du wirst wol gerade betreffs des Verlustes meiner großen 51 Aquarelle und sämmtlichen Skizzenbücher eine mitfühlende Seele sein. Du weißt, wie dem Zeichnenden und Malenden jede, noch so unbedeutende Skizze nach der Natur ans Herz gewachsen ist, einmal als Grundlage für spätere, ausgeführte Darstellungen, die nur nach der Phantasie oder nach der Erinnerung entworfen kaum je den Stempel der Wahrheit tragen, und dann als liebstes und lebendigstes Andenken an die Lande und Landschaften, die man durchstreift und durchschaut. Und nun diese! Wo hatte ich sie hergeholt, in welcher Umgebung, unter welchen Umständen entworfen! In das Urwaldsdickicht bin ich gekrochen, im Boot auf dem Wasser stiller Ströme habe ich gesessen, die noch nie ein Weißer in ihrem versteckten Laufe verfolgt, habe die endlose Savanne, den heißen dürren Puri, die blauen waldbedeckten Berge, den glänzenden Spiegel des Tanganjika, habe die charakteristischen Bäume Innerafrikas, Fächer- und Fiederpalmen, Rieseneuphorbien und Kigelien, habe Auf- und Untergang der Tropensonne und des hier doppelt glänzenden Mondes zu schildern gesucht, habe die Flußpferde im Wasser und Schlamm, die Giraffen auf der Steppe, die Antilopen im Walde, die Löwen auf der Jagd und die Büffel an der Tränke ihr Wesen treiben lassen — habe, dabei stets die geladene Büchse neben mir, manchmal die glühende Sonne auf dem Kopfe, oder unter dem dürftigen Schatten eines abgehackten Palmblattes, oder auch die Beine im Wasser hängend, dagesessen, habe den Hof unserer Station in Kakoma beim abendlichen Niederholen der Flagge, die Flucht über den in der Morgensonne rothglänzenden Wualabafluß, unser Zeltlager in seinen Sumpfinseln, das nächtliche Campement im Urwalde und unser Jagdeldorado „Waidmannsheil" zu bleibenden Erinnerungen in die Mappe gesteckt — nun ist alles, alles verbrannt und verkohlt und als Aschenstaub in alle Winde verweht. Unjamwesi, das die erste Folge in der bereinst heimzubringenden Bilderreihe bilden sollte, ist ein leeres weißes Blatt geworden, und nicht nur sind Farben, Pinsel und Malpapier mit verbrannt, sondern auch die Hand ist müde geworden von neuem anzufangen und die folgenden Blätter zu füllen! Ich hatte mich schon recht darauf gefreut, Dir das Gesammelte bereinst zeigen zu können, und hatte vieles von dem draußen Zusammengebrachten später gründlich ausnutzen wollen; das ist nun alles hin, zugleich mit vielem, was ich mühsam genug und zum Theil mit großer Liebe gearbeitet. Ich denke hier nur an die beiden eben fertiggewordenen großen Arbeiten über die Fische und „das ornithologische Jahr in Unjamwesi", an denen die Tinte kaum getrocknet war, und die zugleich mit den betreffenden Manuscripten und reichen Sammlungen auf Nimmerwiedersehen in Flammen aufgegangen sind.

Da nun so die Arbeit langer Zeit ganz verloren gegangen ist, muß eine baldige Rückkehr um so weniger mit meinen Wünschen stimmen, wenn ich auch freilich noch nicht weiß, wie ich, von allem entblößt, fernerhin arbeiten und sammeln soll. Es kommt nun nur darauf an, daß nicht das immer lauernde Fieber oder vielleicht bei einer nächsten kleinen Auseinandersetzung der stachelige Pfeil, der gemüthlich zweischneidige Wurfspeer oder die verständnißvoll zusammengehämmerte Eisenkugel aus der langen Muskete eines schwarzen Bruders einen Strich durch die Rechnung macht, was wir indeß nicht hoffen wollen. Letztere freundschaftliche Werkzeuge wirst Du hoffentlich Gelegenheit haben, demnächst in der an Professor Bastian nach Berlin gesandten Sammlung zu bewundern und zu würdigen.

Da ich nun derzeit in Gonda sitze, dessen öde Umgegend ich Dir, glaube ich, bereits geschildert, und einfach nichts thun kann, als sehnsüchtig dem Augenblick unsers Abmarsches ins Innere entgegenzusehen, der nun wieder wahrscheinlich auf mehrere Monate hinausgeschoben ist, so kann ich Dir auch nichts Erfreuliches von Wald und Strom und Jagd erzählen, wie ich gekonnt, hätte mich nicht mein böses Geschick vom Flusse wieder zurück in diese Wüstenei geschleudert. Wann wird die Stunde der Erlösung schlagen?

„Das Innere!" Es ist wörtlich übersetzt aus dem Kisuaheli: „Dani". Ich denke dabei immer an die grotesken grünen Berge von Ufipa, wie sie Stanley abgebildet, an das kalte kahle Hochland von Marungu, dessen Berghäupter blau und nebelverschwommen über den Tanganjika nach Karema herübersehen, und dann an die Tränkplätze, wo nach den Erzählungen unserer Führer die Elefanten abends ans Wasser kommen, an die Soko — jedenfalls ein Schimpanse —, die da in den Urwäldern herumklettern und an die noch ungehobenen Naturschätze, die in diesen nur einmal von Livingstone flüchtig durchreisten Ländern ihrer Entdeckung harren. — Aber es wollen sich jetzt zur Zeit des beginnenden Feldbaues und unter dem Druck der augenblicklichen Verhältnisse, welche das geschäftige Gerücht und die geradezu unglaubliche Phantasie der Eingeborenen natürlich ins Ungeheuerliche aufgebauscht, fast gar keine Träger zeigen. Wir werden circa 130—150 brauchen und erst 18 sind nach unendlichen Verhandlungen einregistrirt. Unser Gewehrtransport wird hoffentlich bald eintreffen und dann wäre alles fertig. Die blutrothen Tücher, die unsern wilden Haufen schmücken sollen, liegen schon lange parat, nur das Trägervolk läßt uns im Stich, und damit ist in diesem Lande der primitivsten Verkehrs- und Transportmittel die absolute Unmöglichkeit fortzukommen da.

Eben ist man dabei, das in allen Fugen wankende und

brechende Dach unsers Hauses zu renoviren. Die ersten Güsse der Masika würden es uns, sowie es jetzt ist, über den Köpfen zusammenschmeißen.

Was nun wird, wenn wir fürs erste von hier noch nicht fortkommen, weiß ich noch gar nicht. Ich muß gestehen, daß der Gedanke, noch einmal in der Regenzeit hier zu sitzen, wenig Erfreuliches hat. Die sich dann breitmachenden Fieber, die hier überhaupt nie ganz aufhören, sind denn doch zu heftiger Natur, als daß eine neue derartige Periode wünschenswerth wäre. Jedenfalls wird, sobald 40—50 Träger beisammen sind, ins Lager gezogen, wohin ich mich dann wol begeben werde. Man setzt sich nämlich in irgendeinem benachbarten Neste mit den schon angeworbenen Trägern fest, die natürlich unterhalten werden müssen, und sammelt hier die weiter eingereihten an. Auf andere Weise kommt man nie fort, da ja die Kerle von allen Seiten hergelaufen kommen, sich wieder zerstreuen und nie bei der Hand sind; außerdem wird auch der Zulauf viel lebhafter, sobald einmal durch das Beziehen des Cambi der Beginn der Expedition definitiv geworden ist. Nächste Nachricht also hoffentlich „Cambini" datirt.

---

30. An seine Schwester.

Gonda, 16. December 1882.

Wenn Du diese Zeilen erhältst, die ich noch in der Unruhe des endlichen Aufbruchs von hier absende, wirst Du infolge unserer zugleich von hier abgegangenen Depesche schon wissen, daß die Befürchtung, welche Du in Deinem letzten Briefe vom 28. Juli aussprachst, eingetreten ist und wir unsern braven lieben Kameraden Kaiser verloren haben. Er erlag dem Klima, nachdem er noch den unerforschten Rikwasee erreicht hatte. Das Wenige, was wir aus dem Munde einiger seiner nach Gonda zurückgekehrten Leute, gehört, erfährst Du wol aus unserm gleichfalls mit dieser Post abgehenden Schreiben an den Vorstand. Es gibt ja kaum eine Expedition in Afrika, an der der Tod achtlos vorbeigeht, und haben wir uns ja auch von Anfang an darauf gefaßt gemacht, auch von uns den einen oder andern in heißer Erde zurückzulassen. Neun Mann zogen wir im October 1880 durch Mgunda-Mkali. Nun sind vier todt, drei zurückgekehrt oder auf dem Heimwege begriffen. Wir zwei, Reichard und ich, bleiben allein zurück und wenden unsere Schritte dem fernen Westen, dem unbekannten Innern Afrikas zu. Leider haben wir mit den letzten in Ujui eingetroffenen Kurieren keinerlei Briefe empfangen und können uns das nur dadurch erklären, daß Dr. Fischer, dem wir schrieben, wir hofften Gonda schon im October zu verlassen, den Contract mit den Engländern gelöst hat. So dürfen wir auch mit dieser Mail nichts erwarten und werden vielleicht die nächsten Nachrichten aus der Heimat erst nach Jahresfrist in Karema auffinden, wenn es uns vergönnt ist, dort wieder aufzutauchen. Die Pflegemutter unsers todten Kameraden schrieb noch sehr liebevoll besorgt an ihn, er möge doch, wenn er nicht bald gesund würde, nach Hause zurückkehren. Da wird sie nun vergebens harren, aber sie muß sich damit trösten, daß auch er in treuester Ausübung seines Berufs „auf dem Felde der Ehre" gefallen ist.

Auch hier kann, wie im Felde, dem gefallenen Kameraden nur ein kurzer Blick gegönnt werden, dann richten sich die Augen wieder vorwärts. So sehen denn auch unsere unbeirrt nach dem fernen, fernen Westen, dorthin, wo jetzt die Sonne blutroth in den Dünsten der Regenwolke über den ungeheuern, tiefblau und schweigend daliegenden Wäldern untergehet.

Es hat unsägliche Mühe und Zeit gekostet, die nöthigen Träger, einen nach dem andern, zusammenzubekommen. Die Jahreszeit und tausend widrige Umstände, zuletzt unser Conflict mit Gonba haben zusammengewirkt, um uns Monate und Monate verlieren zu lassen. Nun warten wir noch auf einen letzten Schub von circa 15 Mann aus Unjanjembe. Die Karavane liegt schon über einen Monat in Mananiegi im Cambi; wir werden circa 210 Mann, davon 70 Ascari und Ruga-Ruga als Bedeckung, außerdem noch einen ganzen Troß Weiber und Kinder haben. Dazu kommen noch zwei arabische Karavanen von 60 Mann, die sich uns anschließen und bereits in Simbile im Cambi liegen. Jedenfalls müssen wir noch vor Jahresschluß aufbrechen. Vom Tanganjika werden wir uns wol nur noch „schwimmend" fortbewegen können. Es ist möglich, daß wir über den Lualaba (Kongo) hinaus in Gegenden gehen, wo noch nie ein Weißer gewesen ist. Feste Pläne sind eben nicht möglich.

Drei unserer großen Heerpauken sind bereits im Lager, die vierte wartet mit der deutschen Fahne, die Reichard mit einem prachtvollen Lanzenstiel versehen hat, auf uns. Alle unsere Soldaten bekommen blutrothe, die Anführer buntfarbige Tücher umgehängt; wir werden ohne die Araber eine Streitmacht von 130 Gewehren bilden. Für heute muß ich Dir Adieu sagen; der nächste Brief kommt hoffentlich aus Karema, dem letzten vorgeschobenen Posten der „Pioniere der Cultur".

---

31. An seinen Bruder.

Karema, 27. April 1883.

Jedenfalls wirst Du Dich äußerst verwundern, daß ich immer noch hier in Karema liege, infolge dessen auch durch die von hier nach Tabora geschickten Kuriere noch Deinen lieben Brief vom Neujahrstage erhalten habe und beantworten kann.

Wenn ich schreibe, daß ich hier „liege", so ist das leider buchstäblich zu nehmen. Denn der Dir diese Zeilen schreibt, ist ein blessirter Mann, der, falls die löbliche Sitte des Wagenkampfes in Innerafrika üblich wäre, auch wie jener König in Israel, den sie „von ohngefähr zwischen Panzer und Hengel" geschossen hatten, zu seinem Wagenlenker hätte sagen können: „Wende um und fahre mich aus dem Getümmel, denn ich bin wund!" Wobei das Wort „Getümmel" sich sehr gut durch nrúgu oder makongoro hätte wiedergeben lassen. In der Morgenfrühe des 26. März sind mir nämlich im wüthenden Kampfe vor dem Thore Katakwas zwei Eisenkugeln durch den rechten Oberschenkel gefahren, und ich laborire noch, seit nun mehr als einem Monat fast immer auf dem Rücken liegend, an meinen ehrenvollen Wunden, die erst seit kurzem zu heilen anfangen. Seit heute Morgen 2 Uhr bin ich nun ganz allein hier auf der Station, aus Gründen, die ich unten anführen werde, und da will ich mir nun die trostlos langsam dahinstreichenden Stunden wenigstens zum kleinen Theil damit vertreiben, daß ich alle empfangenen Briefe beantworte und Dir gemüthlich diese meine letzten kriegerischen Abenteuer erzähle, indem ich Dich bitte, diese Zeilen danach nach Hause zu schicken, zur Orientirung für die andern.

Die Bewohner von Katakwa — Du findest den Ort auf Kaisers Routenkarte — hatten vor einiger Zeit zwei von Karema zurückkehrende Kuriere der Association überfallen, ermordet und ausgeraubt. Lieutenant Storms, der Commandant von Karema, hatte deshalb den Häuptling von Kafisya, Djata, aufgefordert, die Schuldigen zu bestrafen, da es seine Sache sei die Ordnung in der Umgegend aufrecht zu erhalten. Djata, übrigens selbst ein Räuber und Mörder par excellence, hatte dann auch zweimal einen Angriff versucht, aber nur fünf seiner Ruga-Ruga, sowie seine Fahne verloren, ohne irgendetwas ausrichten zu können. Er bat deshalb, seine Ohnmacht eingestehend, in Karema um Unterstützung, und Storms beschloß nun selbst die Sache auszufechten, da die Leute von Katakwa immer unverschämter wurden. Reichard lag gerade sehr krank darnieder an ununterbrochenem Fieber mit wahnsinnigen Kopfschmerzen, die ihn heftig beliriren machten. Ich erklärte natürlich sofort, mit unsern Leuten — Reichard gab seinerseits seine Zustimmung — mitgehen zu wollen und stellte, da circa 40 mit Gewehren bewaffnete Pagazi sich bereit erklärten mitzuziehen, circa 110 Mann, während von der Station augenblicklich nur 30 disponibel waren. Am 23. März marschirten wir ab. Reichard konnte gerade wieder ein wenig aufstehen. Unsere Leute, die eine für hiesige Verhältnisse, besonders in Anbetracht ihrer guten Bewaffnung, beträchtliche Streitmacht bildeten, boten, alle Ascari und Ruga-Ruga mit rothen Mänteln, wallendem Kopfputz, die Gesichter zum Theil blutroth bemalt, einen wilden Anblick, als sie unter wüstem Schlachtgeheul vor der Station einen Scheinangriff ausführten. Um in das erste Lager hinter Kafispa zu kommen, mußten wir einen selbst hierzulande einigermaßen sonderbaren Weg zurücklegen. Derselbe begann mit knietiefem Wasser zwischen Schilf und Sumpf und führte dann in die offene Fläche des Tanganjika heraus, durch den der Heereszug in blendender Sonnenbeleuchtung stundenlang hinwatete, manchmal an Flußmündungen oder Kibokopfaden bis an den Leib einsinkend. Hierauf folgten unglaublich schlüpfrige Bergpfade, die zu tief und schmal waren, als daß man die Füße setzen konnte, dann ein weiter, von Flußarmen durchzogener Sumpf, durch welchen der „Weg" als brusttiefer reißender Wasserlauf hinführte, und schließlich hinter Kafispa die Passage durch den heftig dahinschießenden, glücklicherweise nur etwas über knietiefen Mussengussi. Das sind so Promenaden in der Masika. Bei einem kleinen Dorfe wurde campirt und zwar, da absolut kein anderer Platz zu finden war, in einem Maisfelde. Die angerichtete Verwüstung kannst Du Dir vorstellen, besonders da sich jeder unserer 140—50 Kerls hier mit Proviant für den Feldzug versorgte. Am nächsten Tage kamen wir durch den prächtigen Bergwald mit seinen vielen tiefeingeschnittenen Wasserläufen nur zwei Stunden weit, da Storms, der enorme Reitstiefel angezogen, sich vollkommen durchgelaufen hatte. Funfzehn Ruga=Ruga von Kafisya, die dort zu uns gestoßen waren, nahmen abends plötzlich reißaus und liefen spornstreichs zurück. Der Grund dieses sonderbaren Benehmens war leicht zu errathen: da sie sich unser frühes Lagern durchaus nicht erklären konnten, so kamen sie zu der Ueberzeugung, wir hätten es auf ihren eigenen Ort abgesehen und würden diesen beim nächsten Morgengrauen überfallen.

Den nächsten Tag wurde bis Mittag marschirt und dann wieder aufgebrochen, um bis zur Dunkelheit weiterzugehen, im Walde zu lagern und um 2 Uhr, es war Vollmond, sich bis in die Nähe des Ortes zu begeben und im Morgen= grauen anzugreifen — die gebräuchliche afrikanische Taktik. Still bewegte sich unser Zug durch das im üppigsten Grün prangende Bergthal, auf welches sich allmählich der Abend herabsenkte und dessen imponirende Ruhe nur dann und wann durch das Rauschen eines aufgeschreckten Wildes oder das Rufen der zur Abendtränke ziehenden Frankoline unter= brochen wurde. Als es dunkelte, zog man der Gewohnheit gemäß vollkommen lautlos weiter. Nur das Geplantsch im Wasser der überschwemmten Wiesen verrieth den Marsch. Fern vom Thalgrunde tönte das dumpfe Gebrüll eines Löwen herauf. Endlich wurde im Hochwald halt gemacht und nach und nach eine Anzahl Feuer entzündet, in deren flackerndem Scheine die Anführer einige der üblichen Reden hielten. Schließlich wurde es stiller und stiller, und als um 2 Uhr der Mond hoch über uns durch die Zweige leuchtete, war ich, glaube ich, der einzige Wache. Nun wurde wieder aufgebrochen und weitermarschirt, bis etwa um 4 Uhr der Führer, ein Mann aus Karema, erklärte, wir müßten wegen der Nähe des Ortes halten. Wohlbekannt mit derartigen Behauptungen der Eingeborenen schickte ich einige Leute aus, um sich von der Richtigkeit der Aussage zu überzeugen, und diese kehrten nach unendlicher Zeit mit der Nachricht zurück, daß weit und breit nicht das Mindeste zu entdecken sei. Weiter ging es also, immer hastiger durch das vom Thau nasse, über mannshohe Gras, bis der Führer, an einer leibtief überschwemmten Wiese angekommen, erklärte, hier ginge der Weg hindurch. Jetzt begann ein Dauerlauf, der jeder Beschreibung spottet. Ueberall Wasser und Wasser und dann und wann der Uebergang durch ein eiskaltes Flüßchen, in dessen zähen Schlamm man schon am Ufer bis an den Bauch einsank. Dabei dämmerte es mehr und mehr, die wilden Tauben begannen überall zu gurren, und dann zeigte ein rother Schein die Nähe des Sonnenaufgangs an. Endlich ging es noch einmal über ein brausend dahinschießendes Wasser, in eine nebelige Wiesengegend, aus der das Krähen der Hähne die Nähe des Ortes ankündete. Für eine Ueberrumpelung war es zu spät; als wir von einem Hügelabhange aus des zwischen Feldern im Thal liegenden Nestes ansichtig wurden, mußte man uns von dort aus auch schon bemerkt haben. Also einfach zum Sturm! Unter Schlachtgeheul rannten wir vorwärts, mußten aber noch zweimal über tiefeingeschnittene Wasserläufe mit senkrechten, nassen Lehmwänden, die sich versteckt durch die schlammigen Felder zogen. Vor mir hatte schon ein wüthendes Gewehrfeuer angefangen, und ich fand, beim Orte angelangt, unsere Banden wild auf die Umzäunung des Ortes losknallen, der besser als ich gedacht, mit tiefem, übrigens trockenem Graben, Erdwall und Pfahlzaun befestigt war. Ich lief mit einem Theile der Leute auf die andere Seite, wo sich eine verrammelte Thür zeigte. Die Muthigen sprangen in den Graben und schrien nach Aexten, um die Boma einzuschlagen, aber die, welche solche trugen, ließen sich nicht sehen. Ich stand am Grabenrand, keine 15 Schritt von der Boma und spähte durch die Zaunlücken nach einem Ziel, als einige Schüsse rechts und links von mir herausblitzten. Die Ruga-Ruga, ihrer Kriegsweise gemäß nicht gewöhnt, sich allzu sehr zu exponiren, drückten sich auf der andern Seite im Graben, ich war natürlich von dieser Angriffsweise wenig erbaut. Plötzlich, in dem wüthenden Feuer ringsumher waren die einzelnen Schüsse natürlich nicht herauszuhören, traf ein heftiger Schlag mein rechtes Bein. Ich dachte im ersten Moment an eine Ricochetkugel, aber das reichlich hervorströmende Blut und mein an mehrern Stellen durchlöchertes Beinkleid belehrten mich eines andern. Ich konnte noch einige Schritte rückwärts machen und brach dann in dem schlammigen Felde zusammen. Einige unserer Leute waren sofort bei mir, gaben mir Wasser und wollten mich zurücktragen. Ich hatte mich unterdeß, indem ich das Bein bewegte, überzeugt, daß der Knochen nicht zerschossen war, wies ihre Hülfe zurück, respective trieb sie nach dem Thore und wandte meine Aufmerksamkeit denen zu, die neben dem Thore im Anschlag lagen und durch die Lücken schossen. Unsere Fahne wehte über ihnen. Ich schrie ihnen zu, den Zaun einzureißen oder überzuklettern. Endlich fand einer eine morsche Stelle, da rissen sie die Boma mit den Händen herunter und drangen ein. Ich war unterdeß das schönste Zielobject für die drinnen, und als Storms, der seine Drückeberger mit dem Hirschfänger vorwärts getrieben, zu mir lief, hätten sie sogar eine schöne Doublette machen können. In der Hitze des Kampfes liegen aber solche Erwägungen ganz fern.

Die ersten, die eindrangen, mußten zahlen. Ein Speerstoß traf einen unserer Pagazi in den Leib, wenige Minuten darauf war er eine Leiche. Abballah, einen unserer tapfersten

Soldaten, traf ein Speer zwischen Schulter und Brust, die Lunge verletzend. Er ist leider am 20. April seiner Wunde erlegen. Ein zweiter Pagazi wurde in die Weiche getroffen; er liegt auch noch, wird aber aufkommen. Dann waren sie drinn, und im nächsten Augenblick wälzten sich Rauch und Flammen über den erstürmten Ort hin. Uebrigens hatte der Feind, soweit zu sehen, auch nur drei Todte, die übrigen Männer und eine Anzahl Weiber waren entkommen. Einige gefangene Weiber und Kinder, die unsere Leute erbeutet, wurden herbeigebracht, erstere stupid und gleichgültig, letztere gänzlich unbekümmert und vergnügt wie immer, auch hatten wir die Fahne, die dem Djato abgenommen war, erobert.

Eigentlich hatten wir beabsichtigt in dem eroberten Orte zu campiren; unserer Verwundeten wegen, unter denen also auch meine eigene Person figurirte, wurde indeß beschlossen, noch heute soweit wie möglich zurückzugehen. Unterdeß hatte rings ein heftiges aber nutzloses Tirailliren gegen die Feinde begonnen, die in sicherer Ferne ihre Kriegssprünge aufführten. Wie man mich über die scheußlichen Wasserrisse schleppte, ist mir heute noch nicht klar, genug wir fanden am Hügelrande unser unter Aufsicht zurückgelassenes Gepäck, darunter meine Kitanda, auf die ich gelegt und ohne weiteres zurückgetragen wurde. Dieser erste Transport war entsetzlich, indem die Leute einfach an den vier Ecken der Kitanda anfaßten, im Sumpf, Wasser und Hochwald strauchelten und fielen, während die Stangen der Kitanda mit heftigem Ruck von Zeit zu Zeit auseinandergingen. Uebrigens kamen wir schnell und auf sehr viel besserm Wege in die Nähe des Ortes, wo wir so unnütz in der Nacht gewartet hatten. Hier wurde ich dann meiner von Blut und Schlamm starrenden Kleider entledigt und da zeigte sich nun die Bescheerung. Es war die Ladung einer der hier so häufig geführten langen Musketen, in die gewöhnlich einige roh gehämmerte Eisenkugeln gesteckt werden. Die eine war vorn ins dicke Fleisch, und, einen langen Schußkanal bohrend, glücklich hinten wieder herausgefahren, eine zweite hatte, tief streifend, seitlich ein gehörig langes und breites Stück Fleisch mit sich gerissen, eine dritte war unschädlich nur durch das Beinkleid gefahren. Das war denn noch glücklich genug, einen halben Zoll weiter in die Mitte und der Knochen war zerschmettert, und Gott weiß, was dann hier ohne ärztliche Hülfe aus mir geworden wäre. Solche Verwundete sind ja oft nicht einmal transportabel! Was mich wundert, ist nur, daß die Schmerzen bei solcher Geschichte wirklich nicht sehr arg sind. Indeß ist hier in den Tropen, zumal zur Regenzeit, jede Wunde keine Kleinigkeit, und die meinen sind ganz gehörige. Dazu stellte es sich heraus, daß der Medicinkasten mit Verbandzeug und Carbol, den Storms noch zurecht gemacht, in Karema gelassen worden war! So mußten wir uns denn mit Sattini und kaltem Wasser begnügen, hatten aber um so mehr Grund, so schnell wie möglich nach der Station zurückzukehren. Meine Kitanda wurde nun in eine Tragbahre umgewandelt, die von zwei Leuten getragen werden konnte, und die nur den einen Fehler hatte, daß sie bei der ganz ausgestreckten Lage meines Beines etwas zu kurz war. Während die Ruga-Ruga, um etwaige Angriffe abzuwehren, rechts und links durch den Wald zogen, ging es auf diese Weise — die zwei andern Verwundeten lagen auf ähnlichen Bahren — rasch weiter, sobaß wir gegen Abend an dem Orte ankamen, an dem wir am vorigen Tage mittags gerastet. Schmerzen in den Wunden hatte ich, wie gesagt, nur wenig, nur während der ersten Tage abends und nachts zuweilen ein ganz unerträgliches ziehendes Gefühl im ganzen Bein, verbunden mit einem Gefühl von Absterben des Fußes, welches ich mir durch starkes Reibenlassen des letztern erleichterte. Ob dasselbe durch Erschütterung des Knochens oder durch einige zerrissene Sehnen verursacht wurde, weiß ich nicht. In Karema habe ich es nicht mehr gespürt. Abends hatte ich übrigens schon starkes Wundfieber mit sehr heftigem Schüttelfrost.

Am nächsten Tag gingen wir in starken Märschen bis in die Nähe unsers Lagers bei Kafisha, und es ist wunderbar, wie rasch und gut mich die Leute über die vielen tiefen Wasserläufe bugsirten. Wir hatten einige Ascari vorausgeschickt, um Reichard zu benachrichtigen und ihn zu bitten, Medicamente u. s. w. zu schicken, sowie uns mit einem Boot dort zu erwarten, wo wir von dem Marsch durch den Tanganjika wieder ans Land gestiegen waren. Abends hatte ich also glücklich Carbol. In der Nacht brach ein sehr heftiges Gewitter mit gewaltigem Sturmwind los, der uns fast das Zelt über den Köpfen zusammengerissen hätte. Die Ungemüthlichkeit der Situation, während der einige Leute die Zeltstangen hielten, andere die herausgerissenen Pflöcke wieder einschlugen, wurde durch das Stöhnen des schwerverwundeten Abballah vermehrt, den wir zu uns in das Zelt genommen hatten. Der letzte Marschtag war der schlimmste. Um die häufigen Passagen tiefer Wasserläufe zu vermeiden, schlugen wir einen andern Weg ein, wo es indeß nöthig war, Hochgras und Gebüsch auf weite Strecken wegzuschlagen. Dann kam die sehr schwierige Passage durch den wieder angeschwollenen Mussengussi. An Kafisha zogen wir im Triumphzuge vorbei, angestaunt von den zahlreich zusammengekommenen Wawende, die Ruga-Ruga ihren Kriegsgesang anstimmend, wobei sie taktmäßig ihre Speere in den Händen umdrehen, sodaß bei jeder Wendung die von der Sonne getroffenen breiten Klingen lange blendende Blitze durch ihre Reihen werfen. Leider begann auch hier wieder das unnütze Geschieße und Verknallen von kostbarem und unersetzlichem Pulver, welches nun einmal diesen knabenhaften Menschen trotz aller Vorstellungen und Strafen nicht abzugewöhnen ist. Folgt die Passage durch den Sumpf und als schlimmster Schluß die der glitscherigen Bergwege. Da hier die Träger keinen festen

Fuß fassen konnten, so dauerte diese eine geradezu endlose Zeit, in der ich durch die glühende Sonnenhitze fast wahnsinnig wurde. Mein Kopf brannte und hämmerte, und ich mußte ihn von Zeit zu Zeit mit Wasser begießen, das aber auch eine Weile ganz fehlte. Natürlich konnte der Einfluß der Hitze auf meine Wunden nicht zuträglich sein, welche schon zu riechen begonnen. Endlich, endlich kamen wir an den Strand, wo uns Reichard, selber noch ganz blaß und angegriffen, mit dem Boot erwartete, das nun in zwei Stunden nach der Station zuruderte, wo wir unter dem gellenden Siegesgeschrei der Marunguweiber unsern Triumpheinzug hielten, und ich auf ein ordentliches Bett deponirt werden konnte. Das war am 28. März.

Jetzt kam der Revers der Medaille!

Zunächst fragte es sich, was wird nun aus uns und unserer Expedition. Zwei Monate haben wir nun schon in Karema verloren, wobei zu bedenken, daß der Unterhalt der vielen Leute trotz äußerster Sparsamkeit täglich fast 1 Gora Zeug kostet, die in Tabora mit 6, in Udjidji aber schon mit 10 Dollars (zu 4 Mark) bezahlt wird. Auf diese Weise mußte unser schon sehr zusammengeschmolzener Zeugvorrath bald zu Ende gehen. Ich mußte also Reichard vorschlagen, allein die Expedition ins Innere anzutreten und mich hier zu lassen, was allerdings für mich sehr traurig und wol jedenfalls das baldige Ende meines Aufenthalts in Afrika gewesen wäre, außerdem das vollkommen nutzlose Wegwerfen aller bisherigen Kosten unserer Reise von meiner Seite bedeutet hätte. Reichard erklärte aber, daß von Trennung keine Rede sein dürfte, und wurde dann nach langen und complicirten Ueberlegungen in Gemeinschaft mit Storms folgender Plan als der beste acceptirt: die Zeit bis zu meiner Genesung wurde auf circa zwei Monate angenommen (nach dem bisherigen Gang der Heilung jedenfalls zu kurz berechnet). Für die erste Zeit von ungefähr einem Monat wollte Reichard hier bei mir bleiben, da man ja nicht wissen konnte, was noch mit mir passirte. Dann wollte er zusammen mit Storms, der auf dem andern Ufer des Tanganjika eine neue Station zu errichten beabsichtigt, unsere Leute, mit Ausnahme derer, die zu meiner Pflege hier bleiben mußten, übersetzen. Hierzu werden drei Fahrten nöthig, und da die Ueberfahrt 15 Stunden dauern soll, dürften circa acht Tage erforderlich sein. Während nun Storms, der gleich den ersten Transport begleitet, drüben bleibt, um mit Hülfe unserer Pagazi, die natürlich hierfür von ihm entschädigt werden, Bäume schlagen, Lehm herbeischleppen zu lassen, kehrt Reichard für so lange Zeit nach Karema zurück, bis ich wenigstens im Stande bin, ein wenig draußen außerhalb des Bettes zu sitzen. Hierauf fährt er wieder hinüber, um drüben den Weiterbau der Station zu beaufsichtigen, während Storms unverzüglich mit dem Schiff nach Udjidji fährt, um dort für uns den Betrag an Zeug, den wir durch die Zeit meiner Heilung verlieren, anzukaufen. Diese Reise wird etwa einen Monat währen, in welcher Zeit ich dann hoffentlich wieder auf den Damm komme. Selbstverständlich hätte Reichard gern die Rollen vertauscht und die interessante Reise nach Udjidji gemacht, Storms erklärte aber gleich, selbst gehen zu wollen. Unangenehm ist nur, daß während dieses Monats jede Verbindung zwischen mir und Reichard fehlen wird und keiner vom andern wissen kann, wie es mit ihm steht. Die Abreise von Reichard und Storms hat sich nun zuerst durch einen neuen heftigen Fieberanfall, den Reichard zu überstehen hatte — Karema ist eins der ungesundesten Nester auf Gottes Erdboden — dann durch andere Umstände so hingezogen, daß dieselbe erst gestern früh morgens um 2 Uhr erfolgte. Wahrscheinlich wird Reichard erst morgen von dem ersten Transport zurückkehren, da das Ausladen des mitgenommenen Gepäcks einige Zeit in Anspruch nehmen wird. So kam es denn, daß ich, wie im Anfang gesagt, ganz allein hier auf der Station liege.

Reichard wird seine häufigen Hin- und Herfahrten dazu be=
nutzen, um die Breite des Sees möglichst genau vermittelst
Beobachtungen der Buſſole und des ſelbſtregiſtrirenden Logs
zu beſtimmen, Temperaturmeſſungen vorzunehmen u. ſ. w.
Nun will ich Dich nicht allzu lange mit Beſchreibung
deſſen, was ich auf meinem Parabebett ſeither ausgeſtanden,
langweilen, will Dir aber doch eine gelinde Vorſtellung da=
von machen. Was die Behandlung anbetrifft, ſo werden alle
Stunden etwa neun mit Carbolwaſſer getränkte Leinwand=
lappen auf die Löcher gelegt und um das Ganze eine gleich=
falls carbolgewäſſerte Serviette geſchlungen. Sobald ich nachts
aufwache dieſelbe Procedur wie am Tage. Alle Abende werde
ich von den kräftigen Fäuſten einer Anzahl Ascari und
Ruga=Ruga wie ein Stück Holz in die Höhe gehoben, und
es wird meine ſämmtliche Wäſche gewechſelt. Nun begannen
gleich nach meiner Ankunft in Karema die Wunden koloſſal
zu eitern und infolge deſſen auch ſchrecklich zu riechen, ſodaß
Reichard, der zuerſt die Verbände ſelbſt machte, wahrhaftig
eine ſehr ſchwere Pflege hatte. Dabei trat täglich bald leich=
teres, bald heftigeres Wundfieber ein, was mir beſonders die
Nächte, wo Stunde für Stunde langſam dahinſtrich, ganz
furchtbar und angſtvoll machte. Auch war es mir entſetzlich
ſchwer, ſo ſtill auf dem Rücken zu liegen, welche Lage mir
ganz unerträgliche Schmerzen und Qualen verurſachte. Dann
wurde es beſſer, die Fieber verſchwanden, ich konnte mehrere
Tage und Nächte hintereinander ohne beſondere Beſchwerden
in derſelben Poſition liegen bleiben und ſchlief in der Nacht
2—4 Stunden hintereinander. In letzter Zeit ſind leider
wieder vielfache andere Beſchwerden hinzugetreten, die mich
außerordentlich quälen. Dazu ſtelle Du, der Du behaupteſt,
einige Tage Stubenhockens kaum ertragen zu können, Dir die
Verfaſſung eines Menſchen vor, der nun ſeit Jahren an faſt
täglich es weites Umherſchweifen gewöhnt iſt, und der nun in
heißer Zimmerluft ſchon über einen Monat ſo gut wie

regungslos daliegt, ohne irgendeine Lektüre oder sonstige Zerstreuungen, vor Langeweile oft fast umkommend, Tag für Tag, Nacht für Nacht langsam, langsam in steter Gleichförmigkeit kommen, verfließen und enden sieht. Da wirst Du verstehen, daß sich mein ganzes Denken und Fühlen, Sinnen und Trachten nur auf den einen heißen ununterbrochen genährten Wunsch concentrirt, endlich nur ein wenig aufstehen zu können. Ich wünsche und ersehne jetzt nichts anders mehr, nicht daß ich erst wieder herumgehen, daß ich über den See setzen, daß ich weiter wandern kann — ich will nur aufstehen und kann doch nicht.

Was nun meine Wunden anbetrifft, so heilen sie langsam, ach! sehr langsam. Und doch ist es ein Glück, daß, was hier in den Tropen so leicht geschieht, kein Anschwellen, keine Entzündung, kein Eiterfieber eingetreten ist. Aber ich fürchte, es wird noch recht viel Tage brauchen, ehe die ersehnte Stunde herankommt, in der ich diese schreckliche Horizontallage verlassen kann. Geduld, Geduld und immer wieder Geduld, das ist die ewige Litanei, die man über alle Eingangspforten Afrikas setzen müßte.

Der Vollständigkeit halber muß ich doch noch erwähnen, daß man so im Liegen ganz unleidlich von Insekten belästigt wird. Vom Beginn der Dämmerung bis zum hellen Morgen machen sich die Moskitos breit mit ihrem Stechen und „Trumpeten" und werden durch das beim Erneuern der Umschläge immer wieder geöffnete Moskitonetz nur unvollkommen abgewehrt. Am Tage werden sie durch ein Heer von Fliegen abgelöst: erstens die gemeinen Stubenfliegen, die sich einem in wüster und constanter Weise ins Gesicht setzen, zweitens eine ganz ähnliche, glücklicherweise seltenere Art, die empfindlich sticht. Aber nun genug davon! —

32. An seine Mutter.

Karema, 28. April 1883.

.... Wie es kommt, daß ich noch immer hier in Karema, der belgischen Station, liege, das erfährst Du alles aus meinem Briefe an Ernst, in dem ich über die betreffenden Ereignisse ausführlich berichtet habe. Hier also nur soviel zur nöthigen Orientirung, daß ich am 26. März bei der Erstürmung von Katakwa zwei Kugeln durch den rechten Oberschenkel bekommen habe und seitdem hier fest an meinen Wunden, durchgehends Fleischschüsse, niederliege, indeß auf dem Wege der Heilung, die freilich sehr, sehr langsam vor sich geht, begriffen bin. Da ich nun infolge dessen seit dem 28. März, an dem ich hierher gebracht wurde, ein unbeschriebenes Blatt im Hinblick auf Erlebnisse bin, die Quälerei monatelangen Liegens, kaum ohne sich bewegen zu können, ebenfalls in dem Schreiben an Ernst etwas ausgemalt habe, so muß ich mich für alle andern begnügen einfach ihre lieben Briefe zu beantworten. Zeit habe ich ja dazu nun leider Gottes mehr als genug, und die Erledigung meiner Correspondenz wird wenigstens über einige der endlosen Stunden hinweg helfen, zumal jetzt, wo ich „mutterseelenallein" hier in Karema liege, wie Du wiederum in dem Briefe an Ernst auseinandergesetzt finden wirst.

Alle Euere Briefe mit den Ausdrücken herzlichster Theilnahme für mein allerdings recht schweres Geschick und der Schilderung der eifrigen freundlichen Thätigkeit für mich haben mir sehr wohlgethan. Ich hatte ein solches allgemeines und weitgehendes Verständniß meiner Verluste in der That nicht erwartet, bin aber wirklich zu wenig anspruchsvoll und besonders durch das hiesige Leben zu objectiv, um nicht die Ausdrücke der Bewunderung für meine Ausdauer und Energie für viel zu weitgehend zu halten. Indem ich den Tod rechts und links, vor und hinter mir Kameraden und Mitarbeiter in der Erforschungsarbeit habe hinwegnehmen sehen, ihn selbst mehr als einmal im Delirium des Fiebers, im Sausen der Negerpfeile und im Pfeifen der Kugeln habe hart an mir vorbeistreifen gefühlt, bin ich zu der Erkenntniß gekommen, daß jeder noch glücklich zu schätzen ist, der lebend und gesund aus diesen Ländern zurückkehren darf, sollte er selbst alles verloren haben. Hätte mich die Ladung der langen Muskete nur einen Viertelzoll weiter in die Beinmitte getroffen, so hätte ich mit zerschmettertem Knochen vielleicht auch wie mein englischer Gefährte einem qualvollen Ende entgegensehen müssen. Damit Du Dich übrigens, falls der Brief von Ernst etwas später an Dich gelangen sollte, nicht unnöthig abängstigst, was Du überhaupt zu meiner Betrübniß und Sorge viel zu sehr thust, hier gleich die Versicherung, daß ich von Anfang an nur geringe Schmerzen gehabt habe.

Was meine Kleidung betrifft, so bin ich ja als Erbe der Kleidungsstücke unsers armen Dr. Kaiser für den geringen Bedarf in der Wildniß hinreichend gedeckt. Es thut mir freilich leid, daß nun die Kiste mit den vor langen Zeiten (Juni 1882) von Dir abgesandten drei Jagdanzügen zugleich mit den andern für mich unbezahlbaren Dingen, wie Vogelschrot und Alkohol von Sansibar abgeschickt, wol schon in Tabora liegt, ohne daß es möglich wäre, die Sachen hierher zu bekommen, wo ich doch jedenfalls noch anderthalb Monate bleiben muß. Der Weg hierher ist durch die fortgesetzten Kämpfe in Ugalla für kleine Karavanen weniger denn je gangbar, selbst die Post für Lieutenant Storms hat man nach Udjidji expedirt, sodaß die von hier abgeschickten Kuriere für ihn in Tabora nichts mehr vorfanden. Uebrigens haben mich soeben eine Anzahl Leute aus Sassagula besucht, die mein „Bruder" Liowa expreß nach Karema geschickt hat, um sich nach meinem Befinden zu erkundigen. Das ist doch wenigstens aufmerksam.

15. Mai 1883.

Noch heute liege ich wie zuvor fest im Bett, ja habe noch nicht einmal die Aussicht bald davon erlöst zu werden! Erst am 8. dieses Monats, nach zwölftägiger Abwesenheit, kam Reichard zurück. Sie hatten mit gutem Winde 15 Stunden zur Ueberfahrt gebraucht und dann lange, nordwärts vom Gebiet der wilden höchst eigenthümlichen Hollo=Hallo, nach einem passenden Platz zur Anlage der neuen belgischen Station gesucht, bis ein solcher an der Mündung des Lufuko gefunden wurde. Bei der Rückfahrt überfiel ein starker Gewittersturm das Schiff mitten auf dem See, der Regen stürzte in solchen Massen herunter, daß man nicht einmal das Fahrzeug übersehen konnte. Reichard, der auch das Segeln gründlich versteht, hatte seinen Leuten ein baldiges schnelles Umspringen des Windes angekündigt, die Taue waren indeß nicht ganz in Ordnung, und als der Sturm plötzlich einsetzte, verwickelten sich einige, das Schiff lag im Nu total auf der Seite, und das Wasser stürzte bei dem sehr hohen Seegang mit Gewalt über Bord. Reichard glaubte, nun sei der letzte Augenblick da, indeß richtete sich die Dau noch glücklich wieder auf. Weitab von Karema kamen sie dann ganz entzwei vor Erschöpfung an das diesseitige Ufer.

Reichard's Erzählungen von dem hohen, zum Theil jäh in den See abfallenden Gebirge drüben, von den prachtvollen Wasserfällen, welche von hoch oben herabstürzen, den vielen Flüßchen und Bächen, mit ihrem Saume von Oelpalmen und dichtem köstlichen Uferwald, den bisher noch nie gefundenen Thieren, deren Anwesenheit er dort constatirte, erweckten mich wieder aus der Apathie, in die ich mich geradezu hineingezwungen hatte, um den Contrast zwischen meinem ehemaligen und jetzigen Dasein zu vergessen, und machte die Resignation, mit der ich mich schon in den Gedanken hineingefunden hatte, allein hier zurückzubleiben, allein hier noch zu arbeiten und dann allein nach Europa zurückzukommen, jählings zunichte. Die alte heiße Sehnsucht wachte mit aller Macht wieder in mir auf.

Reichard bleibt nun vorläufig bei mir!

Gestern ist einer der hiesigen Waniapara mit einem zweiten Schub Pagazi (Träger) abgefahren. Indeß hatte Reichard eingesehen, daß, da jedesmal 20 Mann zum Rudern herüber und wieder zurück mußten, indem auf die unbeständigen Winde nicht zu rechnen ist, sehr viel mehr Fahrten nöthig sein werden, als er anfangs geglaubt, und daß deshalb das Uebersetzen direct von hier nach Songre und von da herauf zum Lufuko ein Ding der Unmöglichkeit würde. Jedesmal wären sechs Tage erforderlich gewesen und hätten die Schiffsführer diese aufreibende Arbeit unmöglich leisten können. Er wird deshalb noch sieben Tage bei mir bleiben, dann mit allen Leuten, mit Ausnahme derer, die hier bei mir bleiben, in zwei Tagen südlich zum Cap Mpimbwe gehen, von wo zur Ueberfahrt bei günstigem Winde nur ein halber Tag erforderlich sein soll, und, nachdem alles herüber, in circa sieben Tagen nordwärts zu Lieutenant Storms gehen, der dann nach Udjidji fahren wird. Da nun auf diese Weise Reichard erst in 25 Tagen bei Storms anlangen kann und die Reise nach Udjidji etwa einen Monat in Anspruch nehmen wird, habe ich noch fast zwei Monate Zeit zum einsamen Heilen; dann muß ich doch wenigstens soweit sein, daß ich mit Reichard fort kann, sollte ich auch noch anfangs eine Tragbahre in Anspruch nehmen müssen. Ich will und muß auf alle Weise den einmal gefaßten und begonnenen Plan auszuführen suchen. Natürlich müssen wir nun in Udjidji Zeug für drei statt für zwei Monate aufnehmen, da wir sogar $3^1/_2$ Monate verlieren, und der Betrag dafür wird ungefähr 3000 Mark ausmachen. In unserer jetzigen Lage wäre es geradezu Unsinn anders zu handeln, da, wenn wir uns jetzt noch trennen sollten, doch nur ein Monat an Zeit und Geld gewonnen würde, und das steht sicherlich in keinem Verhältniß zu den schon gebrachten Opfern und der Aussicht auf ein trauriges Auseinandergehen unserer Expedition.

Hätten wir damals im Januar nicht unglückseligerweise auf den Rath unserer Anführer, überzusetzen und nicht um den See herumzugehen, gehört, so hätten wir nicht ein halbes Jahr verloren und wären jetzt längst tief im Innern. So folgenschwer kann hier ein einziger scheinbar vortheilhafter Beschluß sein; das Unvorhergesehene, am wenigsten Erwartete ist hier eben an der Tagesordnung. Bedenkt nun, daß, wenn ich wirklich Mitte Juli von hier fort kann, fast ein Jahr seit dem Brande von „Waidmannsheil" vergangen ist und ich in Anbetracht dessen, daß die Arbeitsfrüchte von mehr als dem vorhergegangenen Halbjahr vernichtet sind (natürlich ungerechnet Malereien und Tagebücher) und ich dann vor einer langen Reise ohne die nöthigste Ausrüstung stehe, ich auf zwei Jahre in meiner speciellen Thätigkeit brachgelegt sein werde. Danach sind also meine Leistungen zu beurtheilen. Trotz des halbjährigen gezwungenen Aufenthalts hier wird es doch keinesfalls möglich sein, etwas von den aus Sansibar oder Berlin nachgeschickten Sachen zu erhalten.

Wie lange ich nun noch liegen muß, kann ich nicht beurtheilen, in elf Tagen sind es nun schon zwei Monate! Ich lasse jetzt immer Charpie statt der nassen Lappen auf die Löcher legen, das scheint gut zu sein, aber die Eiterung will gar nicht aufhören und infolge dessen gehen die Wunden auch gar nicht zu. Es ist wirklich fast zu viel, selbst für die Geduld eines Afrikareisenden!

33. An seine Schwester.

Karema, 29. April 1883.

.... Es ist heute wieder so ein stiller, heißer Sonntags=
nachmittag, an dem man das Gesinge und Geschrei der heute
feiernden, sonst stets an den immer wieder der Reparatur
bedürftigen Gebäuden der Station arbeitenden Leute nicht
hört. Die Schatten der drei Bäume, die ich zwischen den
grauen Mauern des Tembe durch die geöffnete Thür meines
Zimmers sehen kann — ein Papaya=, ein Citronen= und ein
Granatbaum, alle mit Früchten, auch Blüten beladen — werden
länger und länger, und wieder rückt langsam ein langweiliger
Abend heran, an dem ich thatenlos im Bett liege, bis ich
um 8½ Uhr das Licht auslösche. Indeß kommt vielleicht
heute Abend Reichard von seiner ersten Ueberfahrt über den
Tanganjika zurück und vertreibt mir die Zeit mit Erzählung
seiner Erlebnisse und damit, wie es drüben am Fuße der
blauen, nun schon so lange sehnsüchtig angeschauten Berge
von Marungu aussieht. Wie lange wird es noch währen,
bis auch ich ins Schiff treten kann?

Vorgestern in aller Frühe um 2 Uhr sind Reichard und
Storms abgesegelt; Reichard meinte, er würde jedenfalls am
dritten Tag, wenn nicht schon am folgenden zurück sein, aber
der Tanganjika ist breit, und der Wind sehr inconstant.

Um nun auf Deine Briefe zu kommen, so schreibst Du,
Du hättest das Gefühl, als müsse man nach solchen Erleb=
nissen wie mit dem armen Dr. Southon, „ganz melancholisch
und ernst" werden. Das erstere nun jedenfalls nicht, das
zweite allerdings in mancher Richtung, wenn auch hier, wie
im Kriege, nicht allzuviel der Gefallenen gedacht werden kann
und darf. Müßte man dann ja auch stets dessen eingedenk
sein, daß das eigene Leben hier oft nur an einem Fädchen
hängt. Und das sind nicht die Ideen, denen man folgen

muß, wenn man hier durch- und weiterkommen will. Nur das gerade vorgesetzte Ziel darf vor dem Auge schweben, — ach, es rückt nur zu gern immer und immer wieder in blaue Fernen, und vergebens fleht man wie Columbus:

> Nach Westen, o nach Westen hin
> Beflügle dich mein Kiel.

So liege ich jetzt wieder da, auf lange Zeit, wie ein todtes Stück Holz, gefällt in dem Augenblick, wo nach unverhofftem monatelangen Aufenthalt das Schiff, das uns westwärts tragen sollte, fertig dalag. Zuweilen wird die Sehnsucht, wenigstens dies elende Krankenbett verlassen zu können, an dem auch

> Zoll um Zoll, die Mauer entlang,
> Der Sonnenstrahl so langsam streicht,

so heftig, daß sich das Herz zusammenschnürt und widerwillige Thränen in die Augen treibt, die das Weinen doch lange, lange verlernt haben sollten. Darin aber hast Du recht, daß einem dem jetzigen Leben gegenüber Erlebnisse früherer Zeit klein, unwichtig, ja selbst oft kindisch vorkommen.

Herzlichen Dank auch für den Ausdruck Deiner treuen Theilnahme für mein Mißgeschick! Aehnliches ist hier in Afrika auch andern passirt, so Schweinfurth, dem bei einem großen Brande fast alles zu Grunde ging. Er überschreibt das betreffende Kapitel in seinem Werke mit „Der schrecklichste Tag meines Lebens". Seine Herbarien und alle seine Zeichnungen war er jedoch noch so glücklich retten zu können.

Du mußt mich nun ja nicht überschätzen, wenn ich, trotzdem ich alles verloren, nicht gleich die Flinte ins Korn warf. Ich bekenne offen, so sehr am Leben zu hängen, daß ich mich immer noch glücklich schätzen werde, wenn ich dieses nicht im schwarzen Continent lassen muß. Das schließt nicht aus, daß das Verlorene immer noch zuweilen schwer aufs Herz fällt. Ist ja an jenem Unglückstage nicht nur hier Geschaffenes, sondern geradezu jahrelanges Arbeiten in Europa zu Grunde gegangen. Ich hatte schon so schönes und reiches Material für eine Wirbelthierfauna ganz Mittelafrikas zusammengetragen, und nun ist auch diese Arbeit so ganz umsonst gewesen. Vielen Dank gleichfalls für all Deine guten Wünsche für das Jahr 1883. Leider nur sind sie ganz unerfüllbar. Wie soll ich „viele Freude in meinem Beruf" finden, wo ich, falls es überhaupt noch dazu kommt, ins Innere gehen werde, ohne ein Blättchen Fließpapier, um auch nur eine Pflanze zu trocknen, ohne einen Tropfen Alkohol (abgesehen von zwei bis drei Flaschen Rum), um kleine Säugethiere, Reptilien, Amphibien, Fische und eine ganze Reihe niederer Thiere conserviren zu können, mit noch einigen hundert Patronen und einem halben Säckchen feinem Schrot, um Vögel zu erlegen? Ich muß ja alles am Wege stehen und liegen lassen und kann nur den beneiden, der einmal nach mir diese Schätze einernten wird.

Als Naturforscher kann ich nicht mehr reisen, das wirst Du einsehen, und so muß ich mich anderweitig möglichst nützlich zu machen suchen. Nicht einmal auf der Jagd, der ich so leidenschaftlich ergeben bin, werde ich etwas zu Stande bringen; mit Schrecken denke ich noch an die Tage in jenem Jagdeldorado in der Boga Katani zurück, wo Reichard und selbst die einheimischen Jäger so reiche Beute machten, während ich, eine gänzlich ruinirte Büchse in den Händen, machtlos wie ein Narr, vor den Heerden des mannichfaltigsten Wildes stand. Glaube mir, solche Erlebnisse sind bitterer hinunterzuschlucken, als jemand, der dem Jägerleben fern steht, glauben mag. Und jetzt, da liege ich nun monatelang da, gerade in der Zeit, in der hier die Vögel nisten, und ich sonst reiche ornithologische Beute machte, und sehe und höre nichts von dem, was es draußen gibt; höchstens bringt mir einmal mein Boy eine Vogelart, die er geschossen hat und die „wir" noch nicht in unserer Collection haben. Aber wie gesagt, ich will nicht klagen, wenn ich auch fast ersticke an dem beständigen heißen Wunsche, wenigstens einmal etwas aufstehen zu können, während es so sehr, sehr langsam mit der Heilung meiner Wunden geht. Hätte es ja auch mit dem Schuß, der mich traf, ebenso gut ganz aus sein können, der Schütze hätte ja nur etwas höher zu zielen gebraucht.

---

34. An Herman Schalow.

Qua-Mpala, 17. August 1883.

Immer noch bin ich ein wenig Reconvalescent. Noch muß ich mich wegen der bei der Erstürmung des Wawendeortes Katakwa erhaltenen Schußwunden schonen und, schweren Herzens, meinem Collegen überlassen, nach den Soko, den großen, von den Eingeborenen wie die Teufel gefürchteten Schimpansen zu suchen, die sich selbst durchaus nicht sehen lassen wollen, obgleich ihre Nester allenthalben in den Bergen zu finden sind.

Aber selbst das Umherstreifen nach leichterer ornithologischer Beute verbietet sich hier so gut wie ganz. Ueberall ragen die Höhen mit jähen Hängen auf, an denen lockeres Geröll und glattes, langes, trockenes Gras jeden Schritt unsicher macht. In der lichten Waldung dort ist es noch dazu recht still; selten nur hallt ein Vogelruf durch das eintönige Rauschen des Seewindes in den Wipfeln, das Knistern und Rasseln der herabfallenden vertrockneten Blätter und Früchte. Und selbst das unfern entdeckte Federwild bleibt wegen der Unmöglichkeit, sich leise und unbemerkt zu nähern, wegen der Unwegsamkeit des Terrains, der tiefen Risse und Schluchten, die allenthalben die Abhänge durchfurchen, meist unerreichbar. So wird der Ansitz zur fast einzigen Jagdmethode.

Da, wo die Bergwände von hüben und drüben steil herablaufend enge schmale Thalfurchen bilden, stürzen zur Masika die Regenwasser als Wildbäche hinab, theils direct dem Tanganjika, theils dem Lufuko zu, der in gleichfalls eng und jäh eingeschnittenem Thal zwischen den Waldbergen hervor dem See zueilt.

Sie haben den Grund der Furchen und Thalrisse noch tiefer zu Schluchten mit oft senkrechten Wänden ausgehöhlt, die Gesteinsschichten bloßgelegt, hier zerfressen, dort glatt polirt und mit einem wilden Haufwerk von Blöcken und Geschieben bedeckt. Von rechts und links kommen kleinere Wasseradern in seichtern Rinnen herab, sich erst untereinander, dann mit den Hauptabzugslinien vereinigend und jede dasselbe Bild im kleinen wiederholend.

Längs dieser Wasserrisse nun hat eine üppige Vegetation Fuß fassen können, zieht immergrüne Linien durch das lichte, fahlwerdende Holz und ruft mit ihren „Galeriewaldungen" en miniature in Erinnerung, daß auch dieses Land, das arme, kalte und winddurchwehte Gebirge von Marungu, unter den Tropen liegt.

Da strecken graziös geformte Laubbäume ihre Zweige voll harter, glänzender oder zarter, vielgefiederter Blätter bis auf das Gestein der Schlucht selbst herab und verschränken droben ihre Aeste zu schattigem Dickicht; da ragt die starre Candelaberform des stacheligen Pandanus zwischen weißblühenden Büschen empor und umgreift mit ihrem grotesken Wurzelwerk rundgewaschene Felsblöcke, da wird jede Lücke benutzt und ausgefüllt von wirrem Gesträuch oder Gewächsen, die einen langen, astlosen Stamm aufwärts schicken, bis sie endlich Platz zur Entfaltung eines palmkronartig zusammengedrängten Blattbüschels finden; da klettern mit rosa- und purpurrothen Blüten bedeckte Schlinggewächse bis hoch in die

Wipfel hinauf, hängen armdicke Lianen von Baum zu Baum, von Thalwand zu Thalwand, selbst wieder gefaßt, umschlungen und eingeschnürt von schwächerm aber desto zäherm Geranke.

Jetzt liegen diese Wasserrisse trocken da; nur hier und da stagnirt noch eine Lache im Gestein, umsummt von zahlreichen Insekten, die letzten Zufluchtsorte winziger Fischchen und buntgefärbter Krabben. Die trockene Hitze der Cascasi hat auch hier das Laubwerk gelichtet, die Schatten vermindert; aber noch findet dort nicht nur der Soko genügend versteckte Plätze zum Anlegen seiner Schlafnester, sondern auch jener Theil der Vogelwelt, der in den Bissaka, den Dickichten ostafrikanischer Wasserläufe, heimisch ist, alle für sein Wohlbefinden nothwendigen Bedingungen: so auch jene drei Vogelformen, die, wenn auch wenig häufig und verborgen lebend, doch durch prachtvolles Gefieder und fremdartige Formen als die charakteristischen ornithologischen Typen der hiesigen Berge gelten können.

Als ich eines Abends mit beginnender Dämmerung in einem der kleinen Thalrisse ansaß, um mich zu vergewissern, ob die Drosseln, die hier allabendlich pfeifend und schackernd zugweise vom Tanganjika heraufkamen, wirklich zu Turdus libonyanus gehörten, fiel plötzlich außer Flintenschußweite ein Turaco auf einen großblätterigen Baum ein, um gleich darauf, da er mich trotz meines versteckten Sitzes sofort bemerkt, hastig wieder abzustreichen. Trotz der flüchtigen Erscheinung im Abenddunkel war mir doch die Größe des Vogels, sowie eine anscheinend gelbe Färbung am Schnabel aufgefallen. Gallirex chlorochlamys, den ich von der Küste bis zum Ostufer des Tanganjika angetroffen, konnte es also nicht wohl sein und mir fiel gleich eine Stelle aus Livingstone's „Last Journal" ein, wo er am 25. August 1867 notirt hat: „Eine Turacospecies, die für mich neu ist, trägt eine gelbe Maske, welche Stirn und Obertheil des Schnabels bedeckt — die gelben Platten, welche die Maske bilden, machen sich schon von fern bemerklich."

Einige Zeit darauf war ich in einer andern tiefen, zum Lufuko herablaufenden Schlucht aufwärtsgeklettert und sah, dieselbe gegen Abend verlassend, an der jenseitigen Thalwand wieder ein Pärchen derselben Art von Baum zu Baum fliegen, wobei sie bald das den Musophagiden so eigenthümliche Schackern, bald einen lauten, rauhen und eigenthümlichen Ruf ausstießen, bald sich vereinigend, ihr lärmendes „Kukulú, Kukulú" durcheinander schrien.

Diesmal sah ich trotz der bedeutenden Entfernung deutlich die leuchtendgelbe „Maske" des Kopfes. Die Stelle, an der ich das Pärchen bemerkte, war durch die Vereinigung einer Nebenader mit der Hauptschlucht wohl markirt, und ich suchte sie am Nachmittage des folgenden Tages wieder auf. Hier war das Dickicht, wie stets an solchen Stellen, besonders schattig und ausgedehnt. Vier frische Sokonester mit noch grünen Blättern standen im dichten Buschwerk, und eine große, auffallend gezeichnete Rüsselratte (Macroscelides), die mir tags darauf dort zur Beute fiel, raschelte erschreckt durch abgefallenes Laub einem alten Termitenbau, ihrer Wohnung, zu. Ich saß noch nicht allzu lange unter einem dichten Baum, etwa zwanzig Schritt vom Bachriß entfernt, als ich plötzlich wieder das wohlbekannte Schackern vernahm, und gleich darauf zwei größere Vögel, rauschend über das düstere Gebüsch hinstreichend, drüben auf einem noch von der Sonne beleuchteten hohen Baum einfielen. Das leuchtende Purpurroth der entfalteten Schwingen machte sie mir sofort kenntlich. Die Entfernung war beträchtlich, aber ich hatte den einen Lauf meiner Flinte mit grobem Schrot geladen, und im nächsten Augenblick hallte der Schuß donnernd die Thalwände entlang. Der aufs Korn genommene Vogel stürzte vom Aste herab; aber ich sah ihn die Flügel ausbreiten und im Gebüsch verschwinden, und, wohlbekannt mit der außerordentlichen Lebenszähigkeit und Energie der Musophagiden, beeilte ich mich, schon jetzt halb verzweifelnd, meiner Beute habhaft zu werden, durch das verschlungene Gesträuch zum Wasserriß herabzukommen, über die Steine zu klettern und den entgegengesetzten Hang emporzuklimmen. Ich warf die wiedergeladene Flinte vor mir auf den fast senkrechten Ab=hang, bemühte mich indeß vergebens, auf dem abrutschenden Erdreich aufwärts zu kommen. Als ich den Versuch an einer andern Stelle wiederholte, raschelte es oben im Gebüsch und der angeschossene Vogel kam dicht neben mir herab. Da hing er zwischen den Aesten, aus seiner gelben „Maske" sonderbar nach mir hinäugend, und ich ohne Gewehr mit beiden Händen am Grase des Abhangs! Dann flatterte, schlüpfte und rannte er geduckten Halses in das Dickicht, ich glitt herab, faßte das Gewehr, sprang ihm nach, schoß, wie ich ihn einen Augenblick schackernd durch das Gesträuch arbeiten sah, fehlte in der Hast und verlor ihn aus dem Gesicht. Vergebens durchspähte ich das Gebüsch und kletterte so, alle Hoffnung bereits aufgebend, bachabwärts, als ich den Vogel plötzlich wieder schackern hörte und ihn, durch den Ton ge=leitet, schon ziemlich weit vom Wasserriß entfernt, sich müh=sam auf einem dünnbelaubten Baume halten sah, während ein Flügel und ein Ständer den Dienst versagten. Alle Götter zum Beistand anrufend, machte ich mich so leise wie möglich hin, und ein Schuß mit Vogeldunst warf ihn, wie er mit aller Anstrengung den nächsten Gipfel zu erreichen suchte, verendend ins Gras herab.

Es war eine prachtvolle Musophaga mit glänzend stahl=blauem Gefieder, den rothen Schwingen ihrer Verwandten, purpurrother, vorn an der Stirn schwarzblauer Haube, grell gelbem, dunkelrothgeflecktem Schnabel, einem breiten Stirn=schild und nackten Kopfseiten von gleicher Farbe. Du wirst wol aus der beigefügten Farbenskizze ersehen können, ob sie zu M. Rossae gehört; mir selbst hat der Brand vom vorigen

Jahre wie alles andere, so auch die hochverehrten Vademeca „Heuglin" und „Finsch und Hartlaub" geraubt, deren Studium manche müßige Stunde ausfüllte, und das Gedächtniß läßt hier in beunruhigender Weise im Stich.

Eines Nachmittags saß ich wieder am alten Platz, diesmal auf einem Stein im Bachbett selbst, als wieder ein Pärchen Turacos auf einem dürren Baum einfiel, dessen Gipfel mir nur durch ein Netz von Zweigen und Lianen sichtbar war. Die Entfernung war wieder groß, und als ich abdrückte, wiederholte sich dasselbe Spiel wie das erste mal. Der Vogel flatterte verwundet herab, und ich sah diesmal an der glänzend grünen Färbung seines Gefieders, daß es nicht, wie ich geglaubt, die Musophaga sondern ein Corythaix war. Aber wieder war es nicht chlorochlamys, das zeigte schon die hohe, weißgespitzte Haube. Wieder verschwand der Vogel lackernd und schnell dahinschlüpfend im Dickicht, wieder verlor ich ihn aus dem Auge, und wieder lief ich bachabwärts.

Diesmal suchte ich lange vergebens umher, bis ich, von neuem heraufkommend, die kleine Seitenfurche heranstieg, in deren Gebüsch ich ihn verloren hatte. Dort hörte ich plötzlich den Vogel klägliche, schwache Töne ausstoßen, aber lange suchten meine Blicke im Gestrüpp umher, während ich mich nicht vom Platze zu rühren wagte, bis ich ihn endlich dicht vor mir an der Erde in einer kleinen Höhlung liegend entdeckte. Er war im Verenden; als ich ihn aufnahm, erkannte ich den prächtigen Corythaix Livingstonii (Gray).

Dann war ich wieder einmal auf mühsamem Wege weit bachaufwärts geklettert, in einem einsamen Bergthale, wo mächtige Stämme, die auf dem jähen Hang nur oberflächlich hatten Wurzel fassen können, von den Masikawässern losgespült, herabgebrochen waren und nun wild übereinander an den Bergwänden lagen, zum Theil natürliche Brücken über die Schlucht bildend. Die Sonne stand schon tief und beleuchtete nur noch den obern Theil der östlichen Thalwand, als ich zu einem besonders üppigen Dickicht gelangte, das sich durch einige auffallend hohe Pandanusstämme auszeichnete. Da sah ich auf einer quergezogenen Liane vor dem düstern Hintergrunde eines von den verschränkten Büschen gebildeten Thores einen etwa turteltaubengroßen, langschwänzigen Vogel, der seine prächtig rothe Unterseite mir zugewandt hatte: Hapaloderma narina, der ich trotz allen Suchens bisher nie begegnet. Aber ich mußte, um schießen zu können, mich von einem hohen Felsblock in den Grund der Schlucht gleiten lassen; die losen Steine und das trockene Laub raschelten unter meinem Fuß, da schoß sie fort ins Dickicht. Ich saß wol noch eine Weile, aber es wurde spät, und ich mußte aufbrechen.

Am andern Tage war ich trotz des stundenweiten Weges wieder dort. Ich lauerte im Gebüsch, das freilich bei seiner Ausdehnung wenig Hoffnung auf Erfolg gab, falls sich der Vogel überhaupt dort ständig aufhalten sollte, beobachtete die Drosseln, Cossypha und Fliegenfänger, die lärmend durch das Dickicht strichen, horchte auf das Rascheln eines kleinen Thieres in der Nähe, und durch Myriaden von Fliegen und winzigen schwarzen Bienen, die in nervenerregendster Weise dicht vor dem Gesicht hin- und hertanzen und sich hartnäckig in Augen, Ohren und Nase setzen, aufs unbarmherzigste gepeinigt, stand ich endlich leise auf, um nach dem Geräusch zu sehen. Kaum hatte ich mich von dem Platz entfernt, auf dem ich länger als eine Stunde ausgeharrt, als in bequemer Schußweite von dort ein Vogel anflog, den ich zu meinem Aerger als den Erwarteten erkennen mußte. Ein Zurückgehen, so vorsichtig ich auch von Stein zu Stein zu treten versuchte, war, wie vorauszusehen, erfolglos: ein trockener Zweig knackte — fort war er.

Am nächsten Tage saß ich wieder an meinem frühern Anstandsplatz, wo ich, wenn auch nur undeutlich, zweimal einen

Vogel bemerkt hatte, der wol eine Hapaloderma narina sein konnte. Und richtig, plötzlich sah ich sie wieder, wie sie, in ihr goldiges Grün und sanft leuchtendes Roth gekleidet, jäh heranflog und dann unbeweglich aufrecht sitzen blieb, eine Gewohnheit, die bei dieser Art ganz entschieden etwas Fliegenfängerartiges hat. Diesmal war sie eigentlich ganz außer Schußweite, aber ich schoß doch durch die Büsche, zu meinem Aerger erfolglos.

Bald darauf fiel wieder ein Musophagapärchen auf dem trockenen Baum ein, und wieder kam der Vogel, auf den ich gezielt, nur verwundet herabgeflattert, saß, noch während der Rauch des Schusses vor mir hinzog, einen Moment unweit auf einem Aste, und flog, ehe ich den zweiten Hahn gespannt hatte, angstvoll schackernd und augenscheinlich töblich getroffen, tief hinziehend und bachaufwärts. Ich folgte so schnell ich vermochte, als plötzlich die vorher gefehlte Hapaloderma aus dem Gebüsch flog und nahe vor mir sitzen blieb. Gleich darauf lag sie denn, leider eine Menge rosenrother Federn zwischen das Gestein verstreuend, am Boden. Die Musophaga war und blieb verschwunden; auch später habe ich, außer einem durch den Kopf geschossenen Exemplare diese beiden Turacos stets nur verwundet vom Baum geholt, obgleich ich mit demselben und selbst schwächerm Schrot mehrmals mittelstarke Antilopen und einmal eine Potamochoerusbache auf 65 Schritt in der Flucht zusammengeschossen habe.

Am andern Morgen war ich beschäftigt, aus einem greulich zerschossenen Vogel mit einer Haut von kaum seidenpapierartiger Consistenz das herzustellen, was wir einen „Coulissenbalg" getauft haben.

35. An seine Schwester.

Qua-Mpala, 24. Juli 1883.

Reichard ist gestern früh wieder auf die Sokojagd abgezogen, und so sitze ich allein hier auf der neuen Station, da ich zu anstrengenden Jagd- und sonstigen Unternehmungen noch nicht brauchbar bin, zumal dummerweise zwei von meinen Wunden oberflächlich wieder aufgegangen sind. Ich konnte factisch erst am 12. Juni endlich das Bett in Karema verlassen, auf dem ich 2½ Monate in öder Langeweile hingebracht. Das Gehen hatte ich völlig verlernt; ich konnte mich anfangs nur unter ganz greulichen Schmerzen in den Fußsohlen, Knien, allen Gelenken, Sehnen und Muskeln und außerdem mit einem noch fast völlig steifen Bein mühsam am Stock einige Schritt weiterschleppen. Nur ganz allmählich wurde es etwas besser, und als am 25. Juni unvermuthet die Dau von Marungu zurückkam, konnte ich schon wieder etwas, wenn auch noch sehr mangelhaft, in der Nähe umherklettern.

Am 29. Juni früh brach ich mit allen unsern in Karema verbliebenen Leuten auf; von diesen wurden außer einigen Weibern und Kindern nur noch einige als Ruderer (das Schiff verlangt, wenn kein Wind, 20 Ruderer, die sich zu 10 und 10 ablösen) ins Schiff genommen, während die übrigen vorläufig per pedes nach Kiranda gingen. Gleich im Cambi Ingresa, das ich in einem frühern Briefe erwähnte, mußten wir indeß liegen bleiben, weil das Schiff stark Wasser gezogen hatte und noch kalfatert werden mußte. Am 30. fuhren wir dann noch in der Dunkelheit ab. Der See ging sehr hoch, die Wellen brachen sich mit dumpfem Donnern an der jäh abfallenden Steilküste, das Schiff tanzte auf den Wassern auf und ab, und bald wurden denn auch die „Damen" gründlich vom mal de mer heimgesucht, sodaß sie unter all dem Glanz ihrer bunten Perlenschnüre, mächtigen

Ohrringe, Metallknöpfchen in den Nasen u. s. w. einen recht
jämmerlichen Anblick boten. Es war, wie auch in der Folge-
zeit, abscheulich kalt, und ich segnete die liebe Sonne, als sie
über den Waldbergen hervorkam. Die Uferscenerie ist am
Tanganjika im allgemeinen sehr viel weniger abwechselnd und
malerisch, als bei unsern Gebirgsseen, wenn zum Theil auch
seine kolossale Ausdehnung, die eben immer nur das zunächst sich
hinstreckende Gestade sichtbar werden läßt, Schuld daran trägt.
Ganz wunderbar sind dafür die Beleuchtungen, besonders bei
Sonnenauf- und Untergang. Dann taucht sich Land und
Wasser in Farben, die eben nur den Tropen eigen sind und,
im Bilde wiedergegeben, vom Nordländer sicher für unwahr
und übertrieben erklärt werden würden. Ist die Luft morgens mit Wasserdünsten erfüllt, so erscheint die unübersehbare
Fläche des Sees als ein dämmerig leuchtender, herrlich sanft-
orangefarbener Spiegel, in dem die Wasserfurchen in karmin-
rothen, violetten und glänzend blauen Farben spielen, während der Horizont in blauen Dünsten verschwimmt und der
Himmel darüber aus Violett in röthliche und gelbliche Töne
übergeht. Bei reiner Luft glänzt dagegen der See in herr-
lichstem Azurblau, während sich die kommende Sonne durch
glühend rothe und gelbe Farben unter einem fast farblosen
Himmel ankündet, welche die an und für sich schon in den
mannichfachsten Abstufungen von Gelb, Roth und Grün glänzenden Berge förmlich metallisch reflectiren lassen. Noch viel
größern Contrast bieten die Untergänge der Sonne. Manchmal ist See und Himmel derart von einem graublauen Nebel
überlagert, daß ihre Grenzen unsichtbar ineinander übergehen,
und man auf einen ungeheuern, ausgespannten Vorhang zu
sehen glaubt, auf dem die Sonne als eine strahlenlose, kupfer-
roth glimmende Scheibe steht. An andern Abenden aber flammt
der westliche Horizont in dem leuchtendsten Gelb und Orange,
während der ganze Himmel darüber in einem ganz un-
beschreiblich prachtvollen Blau strahlt, von dem sich grell ab-

gezeichnete Wolkenflecken in feurigem Rosenroth abheben, während andere, größere Massen ihr wunderbares Metallgelb im See widerspiegeln, der sonst wie aus Streifen und Bändern von glänzendem Blau und Rosenroth zusammengesetzt erscheint. Dazu denke Dir die waldbedeckten Ufergebirge, deren schweigende Majestät weit und breit durch keinen menschlichen Laut gestört wird, und als Staffage das Schiff mit den malerischen Gestalten seiner in den verschiedenen Positionen sitzenden, hockenden und kauernden Bemannung, während der streng mohammedanische Nahosa oder Kapitän in flatterndem weißen Gewande auf dem Vorderdeck steht, um, das Angesicht nach Norden, der Kaaba, dem heiligen Ziele aller Gläubigen, zugewendet, seine vorgeschriebenen langen Gebete zu verrichten, und der Chorgesang der Ruderer in einförmigem Takt über die Wasser geht. In solchen Augenblicken segnet man es, weit von allen Salondampfern, Hotels, Drahtseilbahnen u. s. w. zu sein.

Nachdem wir an der Mündung des Mkombe, die sich unter herrlicher Urwaldung vergräbt, am jähen Ras Mpimbwe, und nach einer sehr langen und langsamen Ruderfahrt beim Dorfe Saua übernachtet, landeten wir am 3. Juli in der weiten Bucht von Kiranda. Hier wurde ein großer Einbaum gemiethet, der die bisher längs der Küste marschirenden Leute übersetzen und nach Qua-Mpala bringen sollte. Am Abend des folgenden Tages fuhren wir nach einer der Inseln hinüber, die hier in langer Reihe der Küste vorgelagert sind. Scharen von großen Wasservögeln bedeckten die Bäume eines kleinen, in einen einzigen grünen Mantel gehüllten Felseilandes, während sich auf einer großen Insel zu unserer Rechten hier und da zwischen Hainen prächtiger Dulebpalmen idyllische kleine Dörfer zeigten, in deren einem wir übernachteten. Die dort hausenden Wufipa führen wirklich das Dasein der "Glücklichen Inseln". Krieg, wilde Thiere und dergleichen sind unbekannt. Die Ziegen bleiben in der

Nacht frei auf den Felsen, keine Befestigung schützt die Dörfer, während der fruchtbare Boden der Insel reichliche Feldfrüchte spendet.

Am folgenden Morgen segelten wir zunächst nach der am weitesten draußen liegenden Insel, die, mit Palmen und tropisch üppigen Bäumen bedeckt, ein Msimu oder Heiligthum darstellt, auf dem kein Schuß abgefeuert, kein Grasbrand erregt oder sonstige Störung verursacht werden darf. Wir spendeten dem alten Behüter des Msimu das übliche Opfer und fuhren gegen 4 Uhr nachmittags wieder ab, um, durch einen auf den Bergen flammenden Grasbrand wie durch einen Leuchtthurm geleitet, nach Marungu hinüberzurudern, dessen Küste wir nach Mitternacht bei dem Ort Kapampa erreichten. Ein schlechtes und hartes Lager am Boden einer Hütte, allerhand Ungeziefer und eine Unmasse von Ratten, welche einem über den Leib und selbst übers Gesicht rannten, ließen mich kaum schlafen, und ich war froh, als der Morgen hereindämmerte. Da erst etwas Seewind abgewartet werden sollte, blieben wir noch mehrere Stunden am Strande. Hier empfing ich den Mtemi von Kapampa, einen halbblinden, durch Hanfrauchen stupide gewordenen Greis, der seine dürren, zitternden Arme fast bis zu den Ellenbogen stulpenartig mit dichten Reihen großer himmelblauer Glasperlen umwunden hatte und am Halse gleichfalls große bunte Porzellanperlen oder Kugeln trug. Er schenkte mir einen schönen schwarzen Widder, beschäftigte sich aber mehr mit seiner geliebten Wasserpfeife als mit den Staatsangelegenheiten, die wir mit ihm zu besprechen hatten. Dann fuhren wir an der Marungu- küste nach Norden. Jäh fallen die Gebirge zum See ab, weiter nach unten in unabsehbaren Wald gehüllt, während oben zum Theil kahle Felsenwände aufragen, und hier und da unter dem Urwaldgrün tiefer Schluchten ein kleiner Bach in Cascaden hinunterstürzt. Weiler und Felder sind an den steilen Hängen geradezu angeklebt und sehen oft von ganz hoch oben herab. Die Warungu klettern mit affenartiger Geschwindigkeit an diesen Bergen auf und ab, die ein gewöhnlicher Sterblicher nur als Vierfüßler besteigen kann, und erscheinen den Küstennegern ebenso lächerlich und verächtlich wie ihr armes und wildes Land. Wir lagerten erst an einem Gebirgsbach in der Nähe des hoch auf einer Bergspitze liegenden Songwe und fuhren dann am 7., mit prachtvollem Segelwind pfeilschnell um die Caps biegend, nach Manda, wo über schöngezeichneten Vorbergen der majestätische Felskoloß des Mrumbi herübersieht. Leider habe ich auf der ganzen Fahrt weder Zeit noch Kräfte zum Skizziren gehabt, da ich regelmäßig sehr matt war, wenn wir landeten, und meist still in meiner Hütte lag. Reichard hat aber vorher eine sehr hübsche Reihe von Bildern während der Fahrt und während seines Zuges durch Marungu aufgenommen und sich außerdem durch genaue Aufnahme des ganzen Weges mit Uhr, Kompaß und Aneroïd sehr verdient gemacht. Von Manda fuhren wir schon gegen 1 Uhr nachts ab; ich fühlte mich schon am Abend nicht ganz wohl, und die nächtliche Fahrt bei einer wahrhaft sibirischen Kälte trug dazu bei, mir einen tüchtigen Fieberanfall zuzuziehen, der sich zuerst durch starke, mir sonst ganz unbekannte Seekrankheit und nachher am Lande in gewöhnlicher qualvoller Weise äußerte. Als wir uns der senkrecht abfallenden Felswand eines in den See vorspringenden Ras näherten, in dessen Nähe der See besonders unruhig zu sein pflegt, wurden einige Perlenschnüre, etwas Mehl, Fleisch u. s. w. von den Mundvorräthen in ein Stück Zeug gewickelt und auf ein Ruder gelegt. Unter lautlosem Schweigen der sonst stets lärmenden Mannschaft kamen wir an den Fels, an dessen Fuß die Wogen donnernd und brausend emporspritzten. Hier kniete der Ruderer nieder, streckte seine Ruder über Bord und rief laut den großen Geist an, der hier haust, nach Beendigung seines Gebets das symbolische Opfer von allem, was wir mit uns führten, ins

Wasser lassend. Eine lang und hohl durch das Gebrause der Wogen herüberhallende Stimme antwortete in wenigen, fremdartig klingenden Lauten. Es war ein eigenthümliches Echo, natürlich von allen, den arabischen Nahosa nicht ausgenommen, für die Stimme des Geistes gehalten, und in der That so überraschend sonderbar und scheinbar der hinüber gerufenen Ansprache durchaus fremd, sobaß ich im ersten Augenblick glaubte, es hielte sich dort ein Mensch versteckt. Ehrfurchtsvoll und schweigend nach der starren Wand blickend, ruderten die Leute weiter und wagten erst nach geraumer Zeit, das Schweigen zu brechen. Um 11 Uhr vormittags langten wir unter Flintengeknall bei Qua-Mpala an, wo wir von Reichard und Storms und der Schar unserer sich ins Wasser stürzenden Leute freudig begrüßt wurden.

Qua-Mpala liegt auf der Höhe eines kleinen Cap, von dem sich nördlich der Lufuko in den See ergießt. Ringsherum erheben sich steile, mit Wald und undurchdringlichem Grase bewachsene Berge, von denen unzählige tiefe Risse das Wasser der Regenzeit dem See zuführen. Von den schmalen, beschwerlichen Pfaden abzuweichen, ist fast ein Ding der Unmöglichkeit, da man dann in fortwährendem Straucheln, Rutschen und Krabbeln nur mit größter Mühe vorwärtskommen kann. Uebrigens ist auch in den Bergen wenig zu holen, da alles ganz todt erscheint. Jenseit der Lufukomündung erhebt sich in der Ferne ein zackiges, völlig kahles Gebirge, das fast senkrecht zum Tanganjika abzufallen scheint und besonders abends, in ein tiefes und doch leuchtendes Blau gehüllt, einen malerischen Anblick gewährt. Der Lufuko strömt rauschend und reißend dem See zu, oberhalb in vielen Fällen und Strudeln durch ein enges, waldiges Thal sich windend, dessen Bergwände an beiden Ufern sehr steil aufragen und ebenfalls so gut wie ungangbar sind. Prächtige Gruppen von stacheligen Pandanus, durchflochten von Lianen und schlingenden, süßduftenden Akazien geben seinem Lauf

einen echt tropischen Charakter. In seiner Umgegend findet
man auch auf Bäumen der Thalschluchten die raubvogel=
artigen Nester der großen Schimpansen oder Soko, über die
Reichard einen interessanten Bericht an Schalow geschickt hat;
dieselben sind hier wie anderswo der Schrecken der Ein=
geborenen. Letztere fangen im Fluß vermittelst großer, an
den Wasserfällen angelegter Wehre und ungeheuerer Reusen
kolossale, ausgezeichnet schmeckende und sehr fette Fische, welche
gleich den Lachsen stromaufwärts zu gehen und zu springen
pflegen. Die Bevölkerung besteht theils aus Warungu, theils
aus Hollo=Hollo oder Warua, da hier die Grenzen zwischen
Marungu und Urua sind. Ein Blick auf diese Gestalten
lehrt, daß man sich wirklich in Centralafrika befindet! Als
Waffen werden nur Spieße und namentlich Bogen und Pfeile
geführt, letztere bei den Hollo=Hollo stets mit einer dicken
Paste, dem Gift einer Liane, beschmiert. Ganz unglaublich
sind die Haarfrisuren beider Geschlechter. Die Warungu be=
schmieren und bekleistern sich die einzelnen Haarbüschel mit
einem Gemisch von Erde und Fett, welche Masse sorgfältig
in einzelne Knollen abgetheilt wird, sodaß das Ganze pflaster=
artig aussieht. Die Hollo=Hollo aber formen aus ihren auf=
gelöst lang und üppig herabwallenden Haaren wunderbare
kolossale Chignons, Perrücken, Mützen, Kronen u. s. w. bil=
bende Frisuren, welche durch mächtige Wülste und Gewichte
beschwert und ausgebreitet und mit glänzenden Spangen,
zierlich geschnitzten oder geschmiedeten Nadeln, manchmal auch
mit rothen Blumen und dergleichen geschmückt werden. Auch
das Gesicht wird häufig mit einem blutrothen, aus der Wurzel
eines Baumes gewonnenen Pulver eingerieben. Die Männer
tragen Schürzen aus Baumrinde oder Palmbast oder auch
kleine Thierfelle, die Toilette einer weiblichen Schönheit kannst
Du aus beiliegender Skizze ersehen. Die Schürzen sind sehr
hübsch gearbeitet und gefärbt und mit zierlichen Stickereien,
alles aus Palmbast, versehen. Es sind von allem Proben

eingesammelt, sobaß Ihr die Sachen später in natura betrachten könnt. In Ober- und Unterlippe werden häufig eiserne oder kupferne nadelartige Schmuckgegenstände oder geschliffene Quarzstückchen getragen, was namentlich beim Sprechen sehr sonderbar aussieht. Dazu kommen noch andere Sonderbarkeiten. So ist z. B. der Häuptling Para, der uns oft mit seinem Besuche beehrt, nicht nur mit den mannichfachsten bizarrsten Zaubermitteln, sondern auch mit großen Klingeln behängt, sobaß er immer unter schlittenpferdartigem Geläut einherstolzirt. Diese Musik begleitet er mit fortwährendem Zähneknirschen, das auch die einzelnen Sätze seiner Reden anmuthig unterbricht und wahrscheinlich einen schrecklichen oder majestätischen Eindruck machen soll. Ein Sklave trägt ihm stets ein großes Horn nach, das ebenfalls wie die Kinkerlitzchen, die an ihm selbst herumbaumeln, „große Medicin" ist. Uebrigens sind die Hollo-Hollo entschieden industrieller als die Wanjamwesi, und ihre Kleidungsstücke, Matten, Körbe, Schnitzereien oft wirklich hübsch und geschmackvoll verfertigt. Unter letztern sind menschliche Figuren als Fetische, Stühle mit Fratzen und die merkwürdigen kleinen Kopfstützen beachtungswerth, welche jeder mit sich herumträgt, um beim Liegen nicht seine kostbare Frisur zu ruiniren.

27. Juli 1883.

Reichard kam schon am folgenden Tage nach seinem Abmarsch zurück, da er bei dem Neste, wo er sein Lager aufgeschlagen hatte, keine Spur der Soko fand, und außerdem kein Essen für die Leute zu bekommen war. Die Bewohner waren vor Angst fast gestorben, obgleich Reichard nur mit geringer Begleitung gekommen war. Ein Theil der im hiesigen Dörfchen wohnenden Leute war gleichfalls aus Angst nach einem nördlich gelegenen Ort beim Cap Tembwe ausgewanbert. Das war ihr Unglück, denn vor einigen Tagen kamen von dort Flüchtlinge mit einer Trauerbotschaft, welche hier mit lautem Klagegeheul und Sich=Wälzen in der Asche begrüßt wurde. Wawende waren, einen Racheact ausübend, mit vielen Booten über den Tanganjika gekommen, hatten das Dorf bei Tembwe in der Nacht überfallen, die Männer zum Theil niedergemacht und viele Frauen und Kinder weggeschleppt.

Heute Nacht hätte sich um ein Haar die Katastrophe vom Fluß wiederholt und unserer ganzen Expedition durch Verlust sämmtlicher Tauschwaaren ein jähes Ende gemacht. Gegen Morgen unruhig träumend, wurde ich plötzlich durch den Schreckensruf: „moto, moto, ujiani!" (Feuer, Feuer im Wege!) durch das Durcheinanderschreien vieler Stimmen, das Krachen, Prasseln und dumpfe Gebrause einer mächtigen Lohe und durch grellen Feuerschein geweckt. Das ganze Lager unserer Leute, in seiner Ausdehnung ein stattliches Dorf, stand in lichterlohen Flammen, und, wie allnächtlich hier, fegte dabei ein starker Wind von den Bergen seewärts. Nur das im Bau begriffene große Stationsgebäude trennte unser eigenes Haus, dasjenige, in dem alle unsere Waaren lagerten, und einen Halbkreis weiterer Strohhäuser von der Brandstelle, und schon begann das trockene Gras, mit dem ein Theil des Bauwerks drohenden Regens halber bedeckt war, zu brennen, schon flogen Funken und flammende Strohgarben ringsumher, und schon brannte ein Theil der ausgedörrten Bäume wie Fackeln. Ich riß zuerst die paar Eisenkisten heraus, die das wenige mir Gebliebene bargen, und stürzte dann Reichard nach auf den Brandplatz. Glücklicherweise wurde das riesighoch aufschlagende Feuer direct bergab, dem See zugeweht; wäre der Wind etwas anders gegangen, so wäre alles verloren gewesen. So sind besonders nur die eigene Habe unsers Mniapara, Muinje Kombo, in dessen Haus der Brand durch die Unvorsichtigkeit eines Negers ausgebrochen war, drei Gewehre, Vorräthe von Mtama für die Tageslöhnung der Pagazi und leider — denn wir haben nur noch wenig dieses hier ganz besonders nöthigen Tauschartikels — ein Frasileh (35 Pfund) Glasperlen vernichtet. Von lebenden Wesen ist nur ein sehr komischer, allgemein beliebter Ziegenbock, der mit einer Schelle am Hals einen unserer Jäger wie ein Hund auf Schritt und Tritt begleitete und mit ins Innere gehen sollte, jämmerlich verbrannt. Die umfassendsten Maßregeln sind sofort getroffen worden, um die nochmalige Wiederholung der bei der unglaublichen Nachlässigkeit und Unvorsichtigkeit der Leute ein wahres Schreckgespenst bildenden Feuersnoth zu verhüten.

Vorgestern erhielten wir einen fast 4 m langen Python (Riesenschlange) zum Geschenk, dessen Haut ich präparirt habe. Täglich kommen ganze Banden von Warungu und Warua an, um Lebensmittel zu verkaufen. Unter den jungen Mädchen sieht man manchmal wirklich hübsche Gesichter und Gestalten. Der ethnographischen Sammlung wurde gestern ein interessantes Stück beigefügt, nämlich die gesammte Frisur eines Hollo=Hollo, den unser Karavanenführer Kawano von einer Bande für 5 Doti gekauft hatte. Der biedere Sohn der Wildniß dachte augenscheinlich, als Rasirmesser und Scheren geschliffen und in verdächtige Nähe seines herrlich frisirten Hauptes gebracht wurden, er solle geköpft oder mindestens skalpirt werden, war aber, als er nur seiner prächtigen Toupets, Zöpfe u. s. w. beraubt wurde, sofort wieder ganz zufrieden und vergnügt, zumal er ein neues Stück Zeug zum Anzuge bekommen hatte, und erzählte freudig grinsend, daß man bei ihm viele Leute gleich ihm raube und verkaufe.

Nun schließe ich mein Schriftstück für heute mit der Erklärung, daß mir dieses Stück Erde hier am Tanganjika vorzüglich nicht recht sympathisch ist wegen seiner allzugroßen — Kälte! Des Morgens zittert und bebt der wärmebedürftige

Mensch, während ein schneidender Wind, der sich nachts mit dem Rauschen und Tosen des Sees vereint, die Vorstellung einer Schiffskajüte oder eines Leuchtthurms in dem unseligen Bewohner luftiger Strohhäuser wachruft, empfindliche Nasen wie die meine blau anlaufen läßt und die heimatlichsten Schnupfen und Halsschmerzen erzeugt.

Reichard hat auf seinem Marsche sich stets schon um 5 Uhr nachmittags in eine dicke Jacke hüllen müssen. Ueberhaupt habe ich wenigstens in Afrika noch fast nie — nie überhaupt, wenn ich gesund war — von der viel verschrienen Hitze, wol aber häufig von nächtlicher und morgendlicher Kälte gelitten und frage ich, in welchen Erdenwinkel man vor diesem Feinde eigentlich fliehen soll, wenn es selbst in den Tropen so aussieht?

P. S. 16. August 1883. Storms ist gestern von Ubjibji zurückgekommen und hat auch von dort die bisher vermißte Post mit Euern lieben Briefen mitgebracht, für die ich herzlichst danke. Reichard ist in Manda auf der Sokojagd. Ich habe heute früh drei Ruga-Ruga ausgesandt, um ihn zurückzuholen. Dann wenden wir uns zum Lualaba.

Und damit herzlich Lebewohl, es geht in den „far west!"